水俣から琵琶湖へ

細谷卓爾の軌跡

関根　英爾　著

著者近影

細谷卓爾の軌跡

水俣から琵琶湖へ

まえがき

細谷卓爾

私はこの秋、86歳を迎えた。

２００２年10月10日早朝、私は脳梗塞で倒れた。隣で寝ていた妻の気づきが早かったこと、医師の適切な処置があったこと、家族や友人のたちの懸命な看護があったことにより、私は一命をとりとめ、動くこともできるようになった。しかし、言葉が非常に出にくくなるとともに、記憶もおぼろげになってしまった。

あれから18年以上の時が流れ、少しずつ日常を取り戻す中で、私自身の記憶も随分よみがえってきた。自分が社会に何ができるのかを考えたとき、これまでの私の歩んだ道筋を振り返り、まとめることは、生協運動をはじめとする活動を考えていく礎になるのではないか。今ならばそれも可能になったのではないかと考え、今、本書を著すことにした。

１９３４年に東京で生を受けた３人兄弟の一番下で、〝わんぱく坊主〟だった私は、親の言うことも聞かず、あっちこっちへ出かけてはいたずらをする子だったらしい。私のわんぱくぶりを心配し、「この子は無事大きくなれるだろうかと思って」と、母は生前、私の息子に話していたようだ。

思い立ったら即行動。この生き方は成長しても変わることがなく、気がつけば本当にいろいろなことをしてきたものだと思う。

労働運動を始めたころ、滋賀地評で事務局長をしていたころ、滋賀県政にかかり始めたころ、湖南生協をはじめ生協運動に取り組んだころ、日中交流やモンゴル交流にのめり込んだときもあった。そして、私はその時々に、本当に多くのすばらしい先輩や仲間、後輩に恵まれた。今回、自分の人生を振り返る本書をまとめるために、過去を振り返り、語りながら、そのことにあらためて気づくことができた。

本書をまとめることとは、時には大いに議論をし、語り、泣き、笑いながら過ごしていただいた方の存在のおかげで、今の自分がいることにあらためて気づくことができた時間でもあった。紙面に限りがあるために、お名前を挙げることができなかった多くの方々。いま大好きな石原裕次郎の歌にある、

「わが人生に悔いなし」

と言えるのも、こうした多くの方の支えがあったからこそと、痛感している。

本書は、私自身の振り返りであるとともに、私と出会ってくださった皆様への感謝の手紙で

もある。今の私があるのは、私を支えてくださった皆様、わがまま放題の私を陰になり、日向になり応援してくれた妻や家族のおかげである。この場をかりて、

「ありがとうございました」

と言わせてほしい。また、脳梗塞以降、言葉が不自由になった私に出会い、語らせ、まとめてくださった関根英爾氏のおかげで本書は出来上がった。このような機会をつくってくださり、本当にありがとう。

自分に残された時間はあとどれくらいなのかわからない。が、私に多くの指標を与えてくださった皆様のへの感謝を胸に、これからも自分が学んできたことを社会に還元していきたいと思っている。

２０２０年12月

自宅にて

もくじ

（本文中敬称は略しています）

細谷卓爾さんは「野の人」です

武村 正義

湖南省図書館の滋賀友好文庫を訪ねる

武村　正義

（元滋賀県知事・元官房長官）

細谷さんは信望が厚い。

たくさんの影響を受けた人がいる。

滋賀県政界に影響力を持った人ではナンバーワンですね。

私が滋賀県知事選の候補になるころ、また当選してからも、私にとって最も信頼のおける人、心強い政治の友でした。たまたま昭和9（1934）年生まれの同い年で、同じ東大経済学部卒業と、年かっこう、学歴も似ていて、雰囲気もあっていたのかもしれない。

最初にお目にかかったのは、八日市市長をしているとき。暑い夏の日でした。ドカドカと30代の颯爽とした青年8人が市長室に入ってきた。いずれも労働四団体の幹部で、その中の1人が細谷さん。1974年秋の滋賀県知事選の候補者探しでみえた。当時、細谷さんは滋賀地評の副議長でした。

紆余曲折を経て私が知事選候補になる過程で、細谷さんは労働四団体で大きな役割を果たされた。選挙戦に入ると、極めてスピーチのうまい人、説得力のある演説をする人でした。論旨明快で迫力がある。特に滋賀会館など大きな会場、あるいはメーデーといった野外ステージでの演説は冴えていた。言葉に無駄がない。まさに「演説の細谷さん」でした。

特に、この知事選で印象に残っているのは、社会党の内輪もめです。当時、社会、民社、公明、共産の全野党と労働四団体は私を推薦してくれることになっていましたが、社会党県本部は書記長の高橋勉さんを推すという異常な組織行動をとろうとした。背後には「上田のカネ」があったのでしょう。

そこで細谷さんが立ち上がった。法岡多聞さんと一緒になって社会党県本部の幹部を追放した。党大会で三役全員を辞めさせ、それに代わる新たな三役をつくり、「武村推薦」を決定した。細谷さん主導でやっていただいた。大変荒々しい、切羽詰まった状況だっただけに、印象深く残っている。あざやかでした。細谷さんは信念の人、行動の人。それを象徴している出来事でした。

知事になってからは、せっけん運動や県土地開発公社事件、中国湖南省との友好提携から財政赤字をはじめ県政全般にわたって、おもな場面、場面で相談し、支えていただいた。特に県土地開発公社を舞台にした上田建設の「土地転がし」は、刑事事件にもなった生々しい、そして政治的にも最も大きな出来事でした。細谷さんには「県土地開発公社対策委員会」メンバーのど真ん中で、あの複雑怪奇な交換契約などを解き明かしてくれました。

上田建設の上田茂男社長が県政に介入している。特に県土地開発公社の土地売買に介入しているといったうわさはチラホラ聞いていたが、実際にそれを細谷さんが解明した。全貌を明かしてくれたのです。それは想像以上でした。びっくりしたというよりも、県政がひっくり返るような話として受け止めました。あんな契約を履行したら何百億円ものカネがとられてしまうわけです。

細谷さんの報告書を受けて、上田社長宅でこたつに入って説得したけど、聞かない。元首相の田中角栄さんが間に入って「鑑定価格まで下げる」という断を下し、何とか収まった。上田社長は簡単に「うん」とは言わず、押しつけられたかっこうで、しぶしぶ納得したんですね。公社問題は県政の屋台骨が揺らぐ深刻な問題でした。それまで自民党はなんとなく上田社長をかばうような発言が多かったが、これを機に県議会も含め県庁の中はすっきりした雰囲気に変わっていった。

細谷さんには公社対策委員は別にして公的なポストに就いて仕事をしてもらったわけではないが、終始、県政全般について報告し、相談していた。財政健全化問題もその一つ。知事に就任したとき、県庁の金庫は空っぽ。職員に給料が払えない。そんな状況の中で、職員の月給を下げる、ベースダウンする話までしましたね。細谷さんは私にとって「表の人」でしたから、いつでも、どこでも会った。県庁の知事室だったり、知事公舎あるいはホテルだったりと。隠れてやることではなかった。

細谷さんが政治の表舞台で活躍する。そんな機会は衆院選、参院選などいろいろあったはず。私も何回か勧めたことがある。それが、なぜかピシャと断わられた。細谷さんには自から旗を振る気はなかった。「表の人」になりたがらない。「政治には出ない」という信念があったように思う。

その一点を見ても細谷さんには、ナンバー2というか裏方、参謀役としてナンバー1をつくったり、支えたりした人という印象が強い。私ももっぱら細谷さんに支えていただいた。おかげで表の役割を果たすことができた。かけがえのない人です。

琵琶湖浄化運動とせっけん運動は一体的なもの。そのせっけん運動は赤潮が出る前から始まっていて、細谷さんはかかわっている。武村県政になってから琵琶湖に赤潮が発生した。そこにはリンが深くかかわっていることがはっきりし、合成洗剤追放運動に結びついていく。環境問題としてのせっけん運動になっていく。それまでは人間の健康にかかわるアプローチがあったが、環境問題としてせっけんのウエートが広がっていった。

粉せっけん使用推進運動は、かなり生々しい運動としてやっていただいた。一軒一軒の家庭にかかわる運動でしたからね。粉せっけんの普及が20%、30%ぐらいになったとき、もっと3分の2ぐらいになれば、条例化するといったが、そこまで行くんですね。県民の3分の2が粉せっけんに切り替える。すごい広がりでした。その状況を踏まえ「琵琶湖富栄養化防止条例」

が誕生した。細谷さん幅広い運動のど真ん中にいて要所要所で発言し、まとめていただいた。

中国湖南省との交流も「洞庭湖がある湖南省と琵琶湖の滋賀県は姉妹提携してはどうか」と、細谷さんが持ってこられた。「それはいい」と思って、副知事の稲葉稔さんと細谷さんに訪中して、提携を前提に根回しをしてもらった。そして向こうの省長が琵琶湖に来て、友好提携の調印をした。この交流は細谷さんのおかげで、めでたく成就しました。

細谷さんは面白い存在ですね。私と比べると、同じ年だけど全然キャラクター、考え方が違う。世の中に対するかかわり方も正反対なぐらい違う。私は政治の世界、表の世界にかかわってきたが、細谷さんは表で活躍できる人なのに、最初から一貫して避けられた。孤高の人、欲のない人というかギラギラしたところがない人物。そこが細谷さんの特色です。「野の人」です。権力の表舞台を避けた人、権力を直接手にすることを避けた人です。だけど、ずうっと社会とかかわっている。その意味で人間臭い人です。

第 1 章

琵琶湖を抱きしめる

1987年11月8日、264,200人が琵琶湖を取り囲んだ。
命を支える琵琶湖を舞台に善意が結集した

手と手をつないで

「琵琶湖　抱きしめた21万人」（毎日新聞）

「『抱きしめてＢＩＷＡＫＯ』大合唱」「21万人の手をむすぶ」（朝日新聞）

「琵琶湖ぐるっと21万人」「身障者支援へ善意の輪」（読売新聞）

「26万人が心の輪、つなぐ手と手、大合唱」「この暖かさ　いつまでも」「思いは一つ…輝く湖」（京都新聞）

１９８７（昭和62）年11月９日の各紙夕刊にこんな見出しの記事と写真があふれた。周囲約２５０㎞の琵琶湖を人の輪で包む壮大なイベントが前日の８日行われた。名づけて「抱きしめてＢＩＷＡＫＯ」。集まった人21万２９００人、それにメッセージを寄せた人も加えると、参加者は26万４２００人。正午きっかりに１分間、湖岸に並んで手から手へ「命を大切に」の思いをつないだ。

このイベントは、大津市にある最も重い障害を持つ子どもたちの療育施設「第一びわこ学園」が古くなり、移転新築するための費用の一部に充てようと、滋賀県内の福祉関係者や宗教関係者、芸術家らが企画して実行委員会をつくり、１年前から開催準備を進めていた。

参加費は大人１人１０００円。「命を支える琵琶湖を舞台に善意を結集しよう」と、25万人の輪を目標に県内外に参加を呼びかけた。

本番の日。滋賀県は琵琶湖を渡る風でどこも肌寒かったが、雲の切れ間から日も差すまずまず日和。湖岸には北海道、鹿児島を含め日本列島の北から南から続々と人々が集まった。

大阪、京都の障害児たち約20人がJRの特別列車で湖北・長浜へ。色づき始めた比良山系の麓、湖西の湖畔に京都、大阪の人たち、近江舞子浜（旧志賀町）には山田恵諦《えたい》天台座主の姿が見られた。近くに住む家族連れや観光客らが飛び入り参加した大津、草津。稲葉稔滋賀県知事や山田豊三郎大津市長らは膳所城址公園で正午の合図を待った。

カウントダウンは正午1分前から始まる。時報と同時に県内各地の寺院の鐘や船の汽笛が鳴り響き、参加者みんなが一斉に両手を広げて人の輪をつくる。参加者から歓声があがり、「琵琶湖周航の歌」の大合唱とともにも感動がどんどん広がっていく。湖北の湖岸では漁船やヨットなど100隻でリレーして、琵琶湖を抱きしめた。21万人みんなで抱きしめた。

奥琵琶湖で「船の輪」

「抱きしめてBIWAKO」実行委員会の事務総長の任にあった細谷卓爾。琵琶湖を抱きしめるこの「特別の日」は、湖北にある高月町（現長浜市）の漁師・松岡正富宅で朝を迎えた。

奥琵琶湖と呼ばれるこの地。人口が少ないだけではない。湖岸は崖続きの険しい地形になっている。人の手だけでは、とてもつなぐことはできない難所中の難所である。

助っ人は琵琶湖の漁船。赤や青の煙をたなびかせる「船の輪」でぐるっとつなぐ。以前から細谷と親しい間柄の松岡が、その「漁船リレー」の大役を担う。

普段は訪れる人も少なく、ひっそりとしている湖の奥で、どのような光景が広がり、どう盛り上がるのか――。事務総長として目におさめておこうと、細谷は正午の時報を待った。

20万人を超える人びとが琵琶湖を囲んで、互いに手と手を握り合っている。湖南や湖東、湖西…ほかの地域の様子はもちろん見えない。しかし、間違いなく今、この瞬間、日本一大きな湖、命を支える琵琶湖に「人の愛」が結集している。

秋色深まる奥琵琶湖で、細谷はそう感ぜずにはいられなかった。

新春の「夢」放談

感動の輪が全国に広がった「抱きしめてBIWAKO」は、1987年1月4日、地元のUHF局びわこ放送（BBC）が放映した新春放談「ほんねで語るぞ障害者問題」から始まった。

出演者は芥川賞作家の高城修三、障害児教育の父といわれる田村一二、養護施設・湘南学園園長の中澤弘幸、タレントの工藤幸子の4人。ここで中澤が「夢」を語った。

「びわこ学園は老朽化がひどいため、学園の子どもたちが暮らしやすい家庭の機能を備えた施設にしようとしているのですが、そのためには十六億円かかる。そのうち補助金や土地の売却、積立金などをつぎ込んでもまだ二億円たらないんです」。(黒田ジャーナル『抱きしめて琵琶湖』)

そこで、手をつないで琵琶湖を取り囲み、おカネをつくるというアイデアをぶち上げた。

「抱きしめてBIWAKO」構想が初めて世に出たときだ。

正月にしては珍しい硬派の番組。視聴率はあまり期待できなかったが、その波紋は静かに広がり始める。さっそく構想を具体化する準備委員会、そして実行委員会が立ち上がった。

実行委員会は中澤を委員長に、及川真(真愛保育園長)、沢正徳(作曲家)、高城修三、土山成義(しがぎん経済文化センター社長)、武川譲(弁護士)、吉澤健吉(京都新聞記者)ら16人が委員となり、開催準備を本格化させた。

まずコンセプトが固まる。「重い障害を持つ子どもたちに心寄せて命の大切さを考え、琵琶湖の水を眺めて自然の恵みに感謝し、美しい琵琶湖を取り戻そう」だ。

タイトルは「抱きしめてBIWAKO」に決まった。

高城が「〝命と自然〟をテーマに、命の象徴であるびわこ学園と自然の象徴である琵琶湖の二つの〝びわこ〟を抱きしめる」という思いを盛り込んだ趣意書を書いた。それは格調高いものだった。(同)

実行委員会は5月6日、記者会見をして開催計画を発表する。会見場所は大津市の湖岸に停泊する「はり丸」。「ミシガン」の就航で引退したかつての琵琶湖遊覧船の「女王」である。報道の影響は大きく、参加の申し込みが相次ぐ。ほとんどは滋賀県外の人からだ。実行委員会のメンバーは思った。「この分だとうまくいく」「きっとうまくいく」

人集まらず

現実は厳しい。実行委員会の見通しの甘さがすぐ露呈しはじめた。専任の事務局長を要に据えた組織体制が十分に機能せず、ギクシャクし始める。

準備の遅れは否めず、記者発表資料を整えるのも「やっと」というありさま。参加申し込み者数は「2万2000人、順調な滑り出しです」と説明するが、目標は25万人。この時、実際におカネを添えて申し込んだ人はわずか701人。

「この調子で25万も集まるのか」。人集めは焦眉の急となっていたことを黒田ジャーナルの『抱きしめて琵琶湖』は記す。

外部からは厳しい意見が相次ぐ。

「人に来てもらおうと思ったら、それなりの段取りが必要だ。福祉のフェスティバルでは団体に頼んで関係者をバスで送迎し、弁当を出し、時には歌手を呼んでいる。『決まった時間に勝手に来い。混雑するから車で来るな。千円持ってこい。1分間手をつないだら勝手に帰れ』

とは何事か。こんなずさんな計画で人が来るはずがない」

湖岸までの輸送や駐車場、トイレなど課題が山積している事実が浮き彫りになる。

個人の参加申し込みも日が経つにつれて少なくなり、事務局の電話が鳴らなくなる。団体の参加申し込みはいくつかあったが、いずれも実体のない団体だったりして、参加費が得られる見通しはまったく立たない。

実行委員会も事務局長を除くと専任スタッフはいない。自らの仕事をしながら取り組む。気持ちは焦るものの時間はなく、知人らに依頼して回ることもままならない。チラシやポスター、パンフレットはなかなか出来上がらない。

担当者がつくった素案の討議にも時間を要した。些細なことをむきになって討論することもしばしば。とにかく組織活動に慣れていない人ばかり。ボランティアが集まり、組織が立ち上がりかけている地区もあるが、琵琶湖一周という大きさと比べれば微々たるものだった。

へいったん眠りにつくのだが、夜中に目が覚めるともう眠れなかった。不安が胸に押し寄せてきて、居てもたってもいられなくなった。びわこ学園が顰蹙《ひんしゅく》を買い、今まで先人たちが苦労してつくり上げてきたものをなくし、社会的に放擲《ほうてき》されるのではないか。そればかりか、福祉のイメージが著しくダウンするのではないか。この責任はどうなるのか。そのようなことが次々と胸に湧き上がってきて、心身ともに言葉では言い表せない苦しみが

あった〉

第一びわこ学園の園長だった医師の高谷清は、後に細谷がまとめた「抱きしめてＢＩＷＡＫＯ」で、こう振り返っている。

「なんとかならないか」

そんな展望がまったく開けないなか、7月初旬に滋賀県の幹部から湖南消費生活協同組合（以下「湖南生協」）の理事長を務める細谷に電話がかかってきた。

「お願いしたいことがある」

その幹部とは当時の県商工労働部長の上原恵美だ。そのころ県レイカディア推進本部長を務めていた鎌田昭二郎（元県厚生部長）と上原は、「抱きしめてＢＩＷＡＫＯ」に熱い視線を注いでいた。ところが、聞こえてくるのは「準備がはかどっていない」という話ばかり。「これでは無理だ」、「とてもじゃないが成功しない」という人がだんだん多くなる。

「何とかならないか」。そんなあせりがそれまで「抱きしめてＢＩＷＡＫＯ」に何らかかかわっていなかった細谷を引っ張り出す動きにつながっていった

「『抱きしめてＢＩＷＡＫＯ』が危ない」という話は、細谷の耳にも入っていた。春先からはできる範囲で協力するつもりでいて、湖南生協やかつて会長をしていた滋賀県労働者福祉対

策協議会（以下「労福協」）には協力するよう働きかけてもいた。

開催まであと4カ月。そんな切羽詰まった時期に、滋賀県庁で上原、鎌田から「事務局を引っ張ってほしい」と懇請されたのだった。「このままでは失敗する」。それが分かっていて見てみぬふりはできない。しかし、即答しかねる細谷に、上原は「あなたしかいない」と鬼気迫る勢いで決断を求めた。

「やりましょう」。細谷は引き受けた。

細谷には湖南生協の組織力、そして何よりも連合がうしろにいる。その二つを強みに「がんばるしかない」と、決断をした。

「ツルさん、カメさん」方式

実行委員長の中澤と話し合いを持つ中で、細谷は事務総長に就いた。イベントの成功に向けた改善策を示し、実行委員会の了承も得た。

出直しに当たって最大の問題は「琵琶湖を抱きしめる25万人をどうやって集めるか」だった。細谷は組織と運動の両面からの取り組みを始める。「このとき、大事だったのは動員の技術」と、細谷は振り返っていう。

一口に「25万人を集める」といっても抽象的でイメージがつくりにくい。琵琶湖の周囲は

250㎞。どれだけ頑張って声をかければ、どれだけ埋まるかは、なかなか実感できない。それが現実である。

そこで琵琶湖を1㎞ごとに区切り、そこに責任を持ってくれる人を1人置く。つまり250人の責任者がそれぞれの区分を受け持つ。その1㎞をさらに10等分して100mごとに責任者を配置する。これで2500人の責任者が決まる。そして最後に100mを10等分して10mごとの責任者まで決めていく。

「鶴は千年、亀は万年」といわれる。そこで1㎞の責任者を「ツルさん」、その下の100mごとに「カメさん」、さらにカメ役の下、10mの責任者を「ありがとうで、アリさん」と名づけて参加を呼びかけていく。「ツル、カメ方式」の提案だ。

「カギはツル役をどれだけ集められるか。労働四団体(地評、同盟、中立、新産別)で60人、湖南、湖北の生協で20人、その他で180人」と、細谷はもくろんだ。

生協と労福協に理解を深めてもらうことから細谷は始める。当時、生協や労福協にとって福祉運動は遠い存在である。第一びわこ学園の高谷がイメージした参加者の中に生協や労働組合は入っていなかった。生協や労働組合が福祉にかかわることは想像できない時代でもあった。

時代は節目を迎えていた。

生協は年に1回「生協祭り」を開いているが、さらに「抱きしめてBIWAKO」に合わせて、生協もおカネを出し合い、湖岸に出て行き、８０００人規模の集まりにする。労働組合も賃上げ運動だけでは存在価値が問われる時代。この大イベントを「福祉をテーマにしたメーデーと位置づけ、参加する」ことにし、大きな力を発揮する。

具体的な取り組みはこうだ。

生協は８０００人動員へ８人の責任者を、労働四団体は5万人動員へ50人の責任者を準備する。そして１kmを10等分して１００ｍごとに責任者を、そして最後に10ｍごとの責任者まで決めていく。

琵琶湖を取り囲む大津、草津、守山、野洲、近江八幡、能登川、彦根、長浜、伊香、高島の10地域には労福協と生協の組織がある。これを軸に地域内の大小さまざまな組織を連携させていって全体を形づくっていった。

それでも「その他の１８０人集めるのには苦労した」という。何といっても成否のカギは「このシステム構築にあった。自分のこれまでの経歴や自分がつくってきた人とのつながりが、なんとか可能にしてくれた。一人でできることは少ないが、集まると大きなことができる」ことを実感した細谷。ここでも「人とは社会的な生き物である」ことに気づかされた。

実行委の事務局員も大幅に増やす。湖南生協の幹部を動員し、びわこ学園や湘南学園の職員も新たに加わった。それと同時に進捗状況を細かくチェックすることにし、毎週１回、定例の会議を開く。「ツル・カメ方式」をきっかけに組織と運動の歯車がかみ合い、開催計画は大きなうねりとなって、急ピッチで進展して行った。

福祉の社会化と社会の福祉化

細谷は論文「生協運動と労働運動の接点」(『現代の理論』)でこう総括している。

〈当初、この運動の趣旨に賛同しながらも、その成り行きに不安を感じてしり込みしていた人たちも、労働組合や生活協同組合が積極的に動き出したのを見て、次々と活動を開始しました。

労働組合や生活協同組合が、これまで積極的に福祉にかかわっていなかったと同じく、社会福祉関係者も理解者の狭い中だけの活動を出ていなかったのが、このイベントで初めて多くの他の分野の人びととの連携がとられるようになりました。参加費無料の子どもたちが多かったため、資金は約1億2000万円集まって、諸経費を差し引いて、6500万円の寄付に止まりましたが、社会に与えた刺激は大きいものがありました。

私たちは、このイベントを社会の福祉化、福祉の社会化の第一歩としてとらえ、福祉生協を通して永続的な関係を社会の中に実現していこうと考えています〉

この「抱きしめてＩＷＡＫＯ」は、細谷に大切なことを気づかせた。それは「社会の福祉化、福祉の社会化の必要性」だ。「これまでの福祉は『自立できない人を行政が面倒を見る』という形だったが、これからは『市民が互いに支え合う仕組み』が必要ではないか。同時に福祉にかかわる人は、もっと社会のことを知る必要がある』ことだ」

「抱きしめてＢＩＷＡＫＯ」を契機に、多くの人が障害児や福祉のことを自然に語り、また一方では障害児やその家族が自分たちのことをなにげなく、自然に話すようになった。それまで福祉や障害児をめぐる問題は一定の枠の中でしか議論されていなかったのが、一気に壁が打ち破られていった。福祉の専門家の意識にも大きな変化をもたらし、社会は「与えられる福祉」から「全員の福祉」へ切り替わっていく。

「障害者の生活している街がふつうの街」。社会の福祉化、福祉の社会化は、細谷が主導した「しみんふくし生協」の創設にもつながっていく。細谷の「福祉は人権である」は、ここから始まる。

◇

「抱きしめてＢＩＷＡＫＯ」。このかつてない壮大なイベントは「二つのびわこ」を重ね合わせ、誰もが手をつないで生きる新たな時代の到来を全国に告げた。みんなで琵琶湖を抱きしめた喜び、感動。それは人が人として尊重される「人権」の叫びと軌を一にしている。窮地に陥っていた「人とびわこの祭典」を救った細谷卓爾。その思想と行動の淵源はどこにあるのか。細谷の歩んだ道なき道を歩くことにする。

受けてもらわないと実現しない

上原恵美（元滋賀県商工労働部長）

12月の寒い日でした。私が滋賀県の商工労働部長時代、県レイカディア推進本部長の鎌田昭二郎さん（元県厚生部長）に誘われて、湘南学園に行き、中澤弘幸さんから「抱きしめてＢＩＷＡＫＯ」の話をうかがった。「環境と福祉」は当時、県政の中での重要課題でしたから、さっそく稲葉稔知事にも中澤さんに会ってもらった。稲葉さんは「いい話だ」とたいへん感激されていた。中澤さんが翌１９８７年１月に記者発表される前のことでした。

それ以来、私も鎌田さんも『抱きしめてＢＩＷＡＫＯ』をぜひ成功させたい」と、関心を持って見守っていた。多くの商工労働関係団体には「ぜひ協力して」と、ことあるごとにお願いしていました。しかし、開催準備がなかなか進まない。ある時点で私も鎌田さんも「このままじゃ成功しない」と思うようになって。「もう無理だ」という人も多くなりました。

そんなとき、私は鎌田さんに呼ばれて、こういわれた。「成功させうる人は一人しかいない」。その人が細谷卓爾さんでした。「細谷さんに事務局に入ってもらわないとどうにもならない。それ以外に手はない」と。「そんなこと出来るでしょうか」といったら、鎌田さんは「それを頼めるのは、あんただけや。あんたの役目や」と。

実行委員会は作家や音楽家など、組織として仕事をするのに不慣れな人が多い。市民運動のリーダーとして琵琶湖の再生に力を注いできた細谷さんの組織力と運動力に頼る以外に道はない。そう決意して、7月7日、県庁に来ていただいた。そのとき、細谷さんには「何としても受けてもらう」、「受けてもらわないとできない」。その一点でお願いしました。もう必死でした。私一人で説得するには、あまりに非力だったので、鎌田さんの部屋に行ってお力を借りて。

あと数カ月しかないのに、細谷さんはよくぞ引き受けてくださったと、今、考えると不思議なくらい。

稲葉知事は顔に出さない、言葉少ない人でしたけど、成り行きをかなり心配されていました。細谷さんのことを報告したとき、稲葉さんも「自分は前に立って旗を振るわけにはいかないが、これでなんとかなるだろう」と思われたことでしょう。県として協力できることは協力しようということとなったので、だから稲葉さんは成功したときすごく感動されていたのです。

参加する人みんなが成功するとは思っていなかったからこそ、みんなが協力したと思います。滋賀銀行はじめ県内外の企業、労組、福祉関係団体など各方面から多くの人が1人

1000円の参加費を払ってかけつけてくれました。「自分が行かなきゃ成功しない」と思ってくださったのです。

稲葉さんは「抱きしめてBIWAKO」が成功したことで「世の中は変わってきた」とおっしゃっておられました。確かに環境と福祉に対する県民の意識は変わりました。

それまで変わってきていたのが、このイベントで顕在化したのです。県民、市民が自主的に参加する、主体性を持って環境や福祉にかかわる。そういう時代の到来を感じました。武村正義知事が草の根民主主義を掲げて進めた「草の根県政」の成果が、ここに結実したのではないかと、私は思っています。

第 2 章

戦前から戦後へ

東大の１、２年生時代、駒場で準硬式野球部に所属し、捕手として練習に明け暮れていた。

岩子島《いわしじま》の夏

細谷は1934（昭和9）年9月1日、東京都北区に生まれた。当時は東京市滝野川区西ケ原といった。JR京浜東北線の上中里駅近くになる。父は東京都の職員（電気技師、早稲田大理工卒）で、名は繁。母はチヨコといい、小学校の教師（広島県三原女子師範卒）をしていた。ともに広島県の出身。細谷は3人兄弟の末っ子で、のびのびと育つ。

少年の頃を細谷は語る。

「小さいときから結構わんぱく坊主だった。いたずらしたとき、こんなことが一度だけあった。母が小学生の私の手を引いて駅に連れて行った。そこには大きな時計があり、その時計には『不良』と書かれていた。『あれはどういうことか分かる?』と母。『役に立たないのは不良という』こんなしかり方をされた」

教育者らしい、すごい母親である。

子供のころの家族旅行が楽しい思い出として今も残る。

小学校に上がる前の夏休み。父の故郷である広島県尾道に向かい、瀬戸内の岩子島でひと夏を過ごした。向島の西に寄り添うように浮かぶ小さな島だ。民宿のようなところに泊まっていたのは私の家族だけで、ほかには誰も来ていない。自炊生活をしていた。父や長兄はあとから来て、先に東京へ帰ったが、毎日、母がつくってくれる手料理を食べて、海で泳ぎ、魚釣りをする。楽しい夏の日々だった。

当時は夜汽車に揺られての旅。東京を発つとき、最寄りの上中里駅に弁当を忘れた。気がついたときには汽車は動き出していて、後の祭り。そんなことも楽しい思い出のかけらだ。『これからは毎年、岩子島で夏を過ごそうね』

しかし、家族で岩子島を訪れる日は二度とこなかった。その年の暮れ、1941(昭和16)年12月8日の日米開戦で、日本は太平洋戦争に突入した。

「火の海」を逃げる

夏休みの家族旅行が立ち消えになっただけではない。

小学校4年のとき、「東京は危ないから」と、細谷はひとり広島県福山市の母の実家に疎開した。そして5年生のとき、空襲に遭った。1945(昭和20)年8月8日夜の福山大空襲である。真っ暗闇の中を年下のいとこの手を引いて逃げた。降り注ぐ焼夷弾。逃げ場のない火の海の中を逃げ惑う。どこかでとっさに川に飛び込んだ。水の中に身を沈める。火の粉から逃れて生きるすべだ。焼夷弾をかいくぐり、炎に包まれた町並みをさまよう。

やっと、たどり着いたところが芦田川。ずいぶん走ったのか、家からかなり遠い。普段遊びに行くところではなかった。福山のシンボルである福山城が火焔につつまれ、落城する。芦田川の土手から茫然と見ていたのを細谷は今でも鮮明に覚えている。10歳の夏だった。

福山大空襲は福山市に米軍B29の大編隊が来襲し、およそ1時間わたる波状攻撃で、5700発もの焼夷弾を投下した。市街地はたちまち猛火に包まれ、一夜にして焼け野原に。当時、米紙ニューヨーク・タイムズは「約100機のB29第四部隊が工業都市福山の上空を襲い、1分弱の間隔で約600tの焼夷弾を投下した」と報じたという。

焦土と化した福山。凄まじい炎と煙にまかれ、逃げ場を失った人々に多くの犠牲者が出た。死者354人、重軽傷者864人、焼失家屋1万1179戸、被災者は4万7322人。市人口の81％にのぼる（福山市調べ）。

終戦間際、米軍の本土空襲は大都市から地方都市に拡大していた。福山には日本火薬、三菱航空機などの軍需工場や陸海軍の軍事施設が置かれ、主要目標とされた。米軍は紙爆弾「空襲予告ビラ」を大量に投下したが、実態は一般市民を巻き込む無差別爆撃だった。

焼け出された家族

母が細谷を福山の実家に疎開させたのは日米開戦から3年。戦火が一段と激しさを増す1944（昭和19）年の4月だった。

兄2人は中学校に上がっていたり、中学受験を控えていて、細谷ひとりだけ東京を離れた。

空襲などに備えて大都市の学童が一緒になって地方に移る集団疎開ではなく、個人疎開のかたちで福山の霞国民学校に編入した。もちろん東京からの転校生は細谷ひとりだけだった。

親里は相川といい、母の妹が家を継いでいる。妹夫婦と就学前の子ども3人、それに母の両親の7人暮らし。妹夫婦はともに地元小学校の教師をしていた。

あの福山空襲のときは、家族はみんなバラバラになって逃げた。夜が明けて家に戻ったら、誰もケガもせず無事でいた。祖父が「よく帰ってきた、よく帰ってきた」と喜んでいた。だが隣近所で焼け残っていた家はたったの3軒。相川の家は多少焦げただけで済んだが、近所からは亡くなった人も出た。

疎開生活は1年半ほど続いた。3月の東京大空襲では、生まれ育った東京・滝野川の自宅は全焼し、廃墟となる。焼け出された家族は、命からがら逃げて、叔父の家(目黒区平町)に身を寄せる。

そんな知らせも耳にしていたのだろう。細谷はよく汽車を見に行った。相川の家から歩いて15分か20分ぐらいのところに国鉄の線路(現JR西日本山陽本線)が走っている。そこで東京へ向かう列車を見ていた。ひとりでずうっとたたずんでいた。

米軍は全国の大都市も地方都市も焼夷弾で焼き払う。一般市民をねらう無差別爆撃の作戦に転じていた。「東京の家族はどうしているのだろうか」。心配は尽きない。不安もつきまとう。

足は自然と東京につながる鉄路に向かったのだろう。孤独感が迫ってくる。戦火を逃れて疎開した福山で、まさかの空襲に遭う。火の海を逃げ惑う未曽有の体験。目の当たりにした無残な光景。息をのんだことであろう。空襲を生き延びた少年の忘れられない記憶であり、悲惨で強烈な戦争体験である。

東京に戻る

細谷が福山から東京に戻ったのは、終戦の年の暮れ、12月である。目黒の叔父のところに親子5人で居候である。六畳の洋間と二畳間に。そうこうしているうち、三鷹に長屋が見つかり、そこに6年ほどいて、恵比寿に家を建てて移る。細谷の浪人時代だった。

目黒での生活は、母が食糧の買い出しに行く。ビンに入った玄米をついて精米もしていた。そのころ、細谷は中学進学にあたって、公立の新制中学校ではなく、私立の麻布中学・高等学校を受験することになる。両親が教育熱心だったのか。母親の強い勧めで受験した。

あのころは、戦後の混乱に加えて、学校教育で大がかりな制度改革の嵐が吹き荒れ、細谷がちょうど中学に進学する1947(昭和22)年から今日の「六・三・三・四制」の学制改革が始まった。新制中学校は戦前の国民学校高等科と青年学校(定時制)、それに旧制中学校(5年制)の1、2、

3年を合わせて改編し、発足した。

「新しい中学って大丈夫なの」、「新制中学校の校舎は尋常高等小学校の校舎だって。そんなところへ…」。母親の不安は中身が見えぬ学制改革にあったのかもしれない。

麻布は中高一貫の進学校として知られていた。競争倍率は6倍ぐらい。試験は算数、国語、理科、社会の4科目。受験勉強は算数だけやっていた。疎開などで勉強の遅れを心配したのか、母親がいつもそばについていた。

親戚に身を寄せ

母の人柄について次兄信行の妻庸子がエピソードを記している。

＜母チヨコは卒業した三原女子師範（広島県）では誰もが知る伝説中の人物。のちに入学した妹の相川タミは「あの相川の妹か。姉さんは優秀だったぞと、いつも比較されてつらい」とこぼしていた。

昭和19年3月の東京大空襲で、火の海のなかを親子3人で避難先の学校の校舎をグルグルと逃げ惑う。命からがら戻ったら、家は焼け落ちていた。長年、小学校教師として周囲から信頼され、自信も持っていたけど、「空襲から子供たちを守る自信はない」といって退職した＞

こんなこともあった。

〈東京大空襲で目黒の親戚宅に身を寄せたとき、「浩正（長兄）は受験生だから別にひと部屋を与えてください」といって無理を通された。わがままとは無縁の人だったが、それが生涯でただ一度のわがままではなかったかと思う〉

母チヨコは1982（昭和57）年9月1日、心筋梗塞で倒れ、80歳の生涯を終えた。父繁は68（昭和43）年9月、東京都庁退職後、神宮外苑の道路で、暴走する若者の車にはねられ亡くなった。78歳だった。電源開発会社に勤めていた長兄浩正も1972（昭和47）年8月、水力発電所建設で赴任していたトルコのアンカラで交通事故死している。

「生涯、車のハンドルを握るまい」。そのとき細谷はそう決意した。以来、今日まで自動車の運転免許証は手にしたことはない。

麻布に二つの流れ

細谷は1947（昭和22）年4月、麻布中学校に入学した。当時から中高一貫の進学校だったが、入学する前の年までは慶応大や早大に進む生徒が多く、東大にはそれほど入っていなかった。ところが、細谷らが入学したころから東大に進学する生徒が増え始める。1学年は5クラス編成で、1クラス（約50人）の4分の1ぐらいが東大に進学するようになる。もちろん、そんなことはまったく知らずに細谷は麻布を受験したようだ。

あのころ、毎日、何をしていたのか。細谷はよく覚えていない。クラブ活動はしていない。生徒会活動もやっていない。あまり目立つ子ではなく、まっすぐ家に帰るタイプ。だからといって勉強ばっかりでもない。ひたすら東大受験に向けて「がんばる」ということでもなかった。

そんな中・高校生活を送る細谷だったが、「麻布」が、どんなところか。少しずつ分かり始める。まわりを見ると、経済人や医師など日本を代表するようなエリート出身の子弟と、サラリーマンの息子が混在している。お金持ちのお坊ちゃんたちが行く麻布と、「貧乏人だけどちゃんと勉強をさせたい」という親たちの選択で入って来た子どものいるのが麻布だ。この二つの流れ、グループのようなものが麻布にはあった。

「お坊ちゃんとは思ってはいなかったが、上には上がいるものだ」。細谷は、その経済格差を実感したという。夏休みに友達から「軽井沢の別荘に行こう」と誘われる。「登山に」と声がかかる。しかし、細谷は一度も行っていない。「そういう人たちとのギャップは大きかった」

高校3年のとき、「血のメーデー事件」が起きた。1952（昭和27）年5月1日、皇居前広場で警官隊とデモ隊が激突した。

サンフランシスコ講和条約、日米安全保障条約の発効後で、両条約への反対運動に加え、国会には破壊活動防止法案が上程されていたことも加わり、死者2人、負傷者多数を出す流血の大惨事となった。

このメーデーに麻布から参加してケガをする同級生がいた。「みんなでかくまった。そのころの麻布には自由な雰囲気があった。自由な校風があったように思う」

親の階層による格差にひっかかりを覚える細谷は、一方で変動の激しい社会の動きも大きな関心事になっていた。

東大に進む

大学受験は「東大一本」だった。

「東京大学へ行くのは当たり前。麻布の延長みたいな感じで、違和感はなかった」細谷は、経済学部に進むことにし、「文科Ⅰ類」を受験した。中・高校時代、科目に得手、不得手はなく、成績はだいたいトップクラスだった。それが入試では不合格。「よもや落ちるとは思ってもいなかった」

「それほど大きなショックを受けた、落ち込んだ」という記憶は細谷にはない。

「こりゃいかん。ちゃんと受験勉強をしなきゃ」と、代々木の予備校に通い、翌年「文Ⅰ」に再挑戦し、晴れて合格した。

「そりゃあ、よかった、よかった」。電話の向こうから母の弾む声が返ってきた。この年、細谷は早大の政経学部経済学科にも受かった。1954(昭和29)年の春だった。

多感な時代である。進路も揺れ動く。細谷の家は理系の雰囲気だった。父も二人の兄も理系で、書棚にはTVA(米テネシー川流域開発公社)といった土木工学の本が並んでいる。だが、「自転車を修理していたら部品が一つ残った。どこの部品かわからない。これでは理系は無理」と早々にあきらめる。

「役人にはならないので法学部にはいかない」。いっとき医学部も考えたが、「左脚を手術した時の医者の態度が非常に不愉快だったのでやめた」

そんな中で、経済学部を選択したのは、さまざまな社会の出来事の背景には経済がある。経済がどう動くかによって、いろんなことが決まる。「社会の構造を知る、社会の本質をつかむには経済が一番じゃないか」

細谷はそんな風に考えていた。

キャッチャーミット

細谷には東大の4年間で思い切り打ち込んだことが二つある。

一つは教養学部の1、2年生時代、駒場(目黒区)で準硬式野球部に所属し、捕手として練習に明け暮れた。いま一つは本郷(文京区)の経済学部へ進学したのを機に野球をやめて、19世紀フランス文学の代表作であるスタンダールの「赤と黒」を原書で読んだことだ。

準硬式野球は、いまのプロやアマの硬式野球と違って、変則的に跳ねるトップボールを使った野球だ。2年間やっていた。ポジションは捕手。草野球ぐらいの経験しかなく、いつも補欠だ。浪人中に左脚をケガして、メスを入れた。

捕手を選んだのは立ったり座ったりして足腰を鍛えるつもりからだ。キャッチャーはチーム全体を見渡たせ、試合をリードする要のポスト。そんな意識もあったかもしれない。東京六大学のリーグ戦もあったが、公式試合の出場経験はゼロ。観客も応援団もいない。出場する機会もなかったのに、「なぜか面白かった。楽しかった」

「赤と黒」原書で読破

経済学部時代。外国語は英語と独語を選択していたが、独自にフランス語をやることにし、白山（文京区）にある日仏学院に通い始める。

慶応に進んだ麻布の友人に触発され、「オレもやってみよう」と思い立った。フランス経済を勉強しようと思っていたわけではない。スタンダールの「赤と黒」を桑原武夫の翻訳本（岩波文庫）で読んでいて、あらためて「原書で読みたい」、「原書で読む」と決心したからだ。

細谷はどうして「赤と黒」に惹かれたのか。「必ずしも文学青年ではなかった」。時の若者に人気を呼んでいた作品でもない。にもかかわらず卒業まで日仏学院に通い、辞書を片手に「赤と黒」の原書を懸命に読んだ。そして読み切った。

革命後、混沌とした時代にあったフランス。ナポレオンが没落し、19世紀の復古王政末期に、スタンダールの「赤と黒」は世に出た。上流社会を見据える田舎出の野心あふれる青年が、パリの社交界を舞台に貴婦人と愛憎絡ませながら生き、そして挫折する。その人間像を描いた物語である。主人公の青年が法廷で証言したこんな一節がある。

〈私を罪に落とそうとする人々がいることを知っています。そうすることによって、卑しい階級に生まれ、いわば貧困に痛めつけられながらも、さいわい立派な教育を受け、金持ちの人たちが得意になって社交界と呼んでいる世界へ、ずうずうしくも入りこうもうとする青年の一団を、徹底的に打ちのめしてしまおうというのです（新潮文庫（下））〉

「赤」は情熱あるいは共和制、「黒」は偽善あるいは復古王政ととらえる説がある。スタンダールの「赤と黒」は単なる社会風刺の小説ではない。明確に市民と貴族との階級対立の意識を描いた社会小説であり、政治小説である。歴史に裏打ちされた19世紀を代表するリアリズム小説といえる。そこに細谷は引きつけられたのかもしれない。

「情けない」と母絶句

そのころ、こんなことがあった。今でも細谷ははっきり覚えている。母が卒業後の進路について尋ねたことがある。

「会社に就職する。好きな本を読み、好きな映画をみる。惚れた女と一緒になって、赤い屋根の文化住宅にでも住みたい」と。

そのとき、母は「せっかく大学を出ていながら何という情けないことを」と絶句した。

当時、長兄浩正は戦後復興に向けて国と電力会社が共同出資した電源開発会社に就職し、「日本の誰にも負けないコンクリートダムの技師になる」とスケールの大きい話を常にしていた。在学中の次兄信行も大きなことを言う人だった。だから「母が私の小市民的な発想を聞いて、落胆したのも無理からぬところだった」

兄弟3人はいずれも東大に学んだ。その長兄浩正(東大工学部卒)は、ダム建設でトルコ・アンカラに赴任中、交通事故で亡くなる。次兄信行(東大農学部卒)は農林省(現農林水産省)に入り、官僚の道を歩み、関東農政局建設部長を最後に退官し、東急建設常務など務めた。細谷より3歳年上だが、中学入学後に結核を患い、入退院を繰り返す。長い療養生活で進学が遅れ、東大に入ったときは22歳、細谷より1年遅れだった。

「両親のことを考えてみると、田舎から東京に出てきて、何のつてもない中で頑張り、3人の子供を育てる。そして多少のゆとりも出来たところで、戦争となり、無一文になってしまう。それに次兄が長期間の闘病を強いられる。そんな中で、3人の子どもを大学に行かせるのは大変なことだった」

今でも細谷はそう思っている。だから文字通り骨身を削って大学を卒業させた息子が、いちサラリーマンで生きていく以外の大望はないと聞かされた母は、一度に疲れが出たのだろう。教師をしていただけに、教育熱心でリベラルの母から「何という情けないことを」という言葉を浴びて「からだが縮まるような気持ちになった」。その半面、「判っていないなあ」という反発心もあったという。

それは、麻布中学・高校、そして東大で、少年期から青年期を送ったことと深くかかわっている。第二次世界大戦後、激動する内外の情勢の中で育ったこととも無縁ではない。

細谷が知ったことは、「金持ち、権力の中枢にいる人々の生活は、田舎出の地方公務員と小学校教師の生活とは比較にならない。それは『努力などで乗り越えられるものではない』。にもかかわらず、青雲の志を抱いて東大に来ている青年たちは、『官僚になる』、『大企業の幹部になる』ことを疑いもなく頭に描いて勉強していた」ことだ。

ゼミ近経、マル経に挑む

当時、東大の経済学部は大御所・大内兵衛教授を代表とするマルクス経済学の総本山。細谷の第一志望はマルクス経済学。「マル経は人気があり、そこでレーニンを勉強するつもりでいた」。しかし、選んだゼミは近代経済学。「成績が良くなくて、近経にしか入る余地がなかった」。

近経の少壮学者だった大石泰彦教授(後に経済学部長)のゼミに入り、日本経済史をやることなる。ゼミ生は20人ぐらいいたが、細谷は常に異色の存在。卒論も近経的手法で「絶対的窮乏化と相対的窮乏化の矛盾」を説いた。「異端児的なテーマで、他のゼミ生には相手にされていなかった」

今でいう就活の秋。もともと官僚の道を歩くつもりはない。「役人になるなら法学部に進んでいた」。民間の製造業に行くこととし、鉄鋼の川崎製鉄と化学の新日本窒素肥料(チッソ)を受験する。理由は「大学の成績が悪かったのと、東京に近い千葉に工場があった」からだ。

入社試験日は川鉄が10月1日、チッソは翌2日。まず川鉄を受けたが、帰宅すると、川鉄から丁重な断りの電話が入る。翌2日、東京・丸の内のチッソ本社に行くと、即採用となった。「君は熱心に授業を受けていない割には、いい会社に目をつけたなあ。チッソに入れば立派なものだ」と、大石教授からは妙な褒め方をされた。

チッソの正式社名は新日本窒素肥料株式会社。1908(明治41)年、熊本・水俣で操業を始めた。戦前の日本窒素肥料時代から三井、三菱、住友などの旧財閥に対し、日産などと並んで新財閥と呼ばれた。水俣を拠点に朝鮮・満州(中国東北部)に世界的な大規模工場を持っていたが、戦後、財閥解体で旭化成、積水などに資産、人員が分割された。

石炭から石油へと原材料、エネルギー構造が転換していく中で、水俣工場(電気化学)、守山工場(化学繊維)に次いで千葉に五井工場(石油化学)などを持つ総合化学工業メーカーに発展した。4大公害の一つ水俣病の原因企業である。

水俣病知らず

社会主義と社会主義政党は昭和20年代、中国革命、朝鮮戦争などの激動が一段落したところで、その弱点を露呈しはじめていた。そんな時代を細谷は振り返る。

「社会主義に身を投ずるということは、非現実的な選択であった。さして裕福でもない家庭に育ち、社会主義の理想を理解しながらも、その非現実性を感じている青年が『労働組合―労働者階級―の未来に大きな関心を持ち、鉄鋼か化学の基幹産業に就職する。しかし、搾取・収奪する側には回るまい』という選択をした。それは、どちら側にも加担しないが、『めし』だけは確保するという考えでもあった」

細谷は水俣病のことを知らなかった。チッソのことも何も知らない。滋賀県の守山に工場があることも知らなかった。「何も知らずにモラトリアムの精神状態でチッソに入社した」。それが細谷の社会への出発点であった。

第 3 章

チッソと闘う

旭化成守山労組　ストライキ決行門前でのデモ行進

(1)守山闘争

黒塗り社用車が迎え

1958(昭和33)年春、東京大学を卒業した細谷はチッソに入社した。道なき道を歩む波乱の人生の幕開けである。

「任地は守山工場」。一通の手紙でそう告げられ、汽車の切符が添えられていた。化学工業のチッソに入社したのに、化学繊維の子会社への突然の赴任命令である。「愕然とした」。細谷がチッソを選んだ理由は「千葉の五井に石油化学工場がある。東京のそばで、工場のある会社に勤めていればいいいだろう」という軽い気持ちでいたからだ。「滋賀県はどこか。守山はどこか。地図で確かめた」というほどに細谷はショックを受けた。

4月初旬。細谷はあわただしく夜行の寝台列車で東京駅を発ち、翌朝、大津駅に着く。そこにはチッソの社員2人と黒塗りの社用車が守山から迎えに来ていた。

会社の幹部候補生として業務課に配属され、原材料の仕入れなどの業務につく。チッソ時代の始まりである。

まかない付きの独身寮に入る。毎日、緑の麦畑と黄色で染まる菜の花の中をもっぱら自転車で通勤した。「琵琶湖の向こうに望む比叡・比良の山並みが朝日を浴びて映える。いまでも目に焼きついている印象深い風景が広がっていた」

差別は当たり前

チッソ守山工場は滋賀県が誘致した企業の第1号である。正式名は日窒アセテート株式会社守山工場。チッソが100%出資する子会社で、半合成繊維（アセテート）の専用工場として1956（昭和31）年12月に操業を始めた。

労働者の平均年齢は18歳。15歳で出てきた若者が現場の主体だ。繊維工場だけに中学卒の女子従業員がすごく多い。「みんな全国から来ている金の卵で、親に仕送りをしている。こうした立場の人たちの働き方には、自分が今まで育ってきた環境では出合うことはなかった」。ここで細谷ははじめて「差別と人権」を体感する。

当時、守山工場は24時間体制でフル操業していた。女子の2交代制（6〜14時と14〜22時）がメーン労働で、そのあと男子（22〜6時）がサポートする3交代制だ。ところが、中卒の女の子たちは女子寮の塀と工場の塀の「二重の塀」の中に住んでいる。その女子寮は6人の大部屋暮らし。しかも仕事では夜10時まで働かせるのに工場の門限は夜8時となっていた。

細谷が住む吉身社宅（守山市）は幹部用社宅である。学卒者が入る独身寮の部屋は六畳の個室で、出入り自由、門限なし。10人ほどが入っている。その社宅の一角には幹部が飲食する「社交クラブ」がある。工場長や部長、課長から「飲みにこい」と声がかかる。水俣出身者らは別の社宅に住む。

守山工場にはこうした身分差別がある。賃金格差もある。

1956（昭和31）年、政府は経済白書で「もはや戦後でない」との名文句を発した。その前年、終戦から10年目にしてGDP（国内総生産）が戦前の水準を上回り日本経済は戦後復興期から高度経済成長期へ歩み進める。

そんな中でも繊維業界は「女工哀史」に見られる低賃金支配構造を引きずっていた。チッソは水俣工場から転勤させた労働者と守山工場で採用した労働者とは、賃金、一時金などまったく別の給与体系で管理していた。

水俣転出者（職長以上）の身分は社員で月給制とし、化学工場である水俣並みの高い賃金を保障する。一方、守山採用組は工員で日給制、繊維並みの低い賃金に抑える。例えば、一時金では管理職には2カ月分を支給するが、現場労働者は1・5カ月分しか出さない。細谷にとってはあり得べからざる差別だが、チッソは「当然のこと」と無視する。

日窒アセテートはチッソの100％子会社で、人事権を含めすべてチッソが握っている。にもかかわらず、チッソは「守山は独立会社であり、チッソと関係なく経営している。だから格差があって当たり前だ」と言い張る。「承知して入ってきているんだから『おかしい』という方がおかしい」と言い張る。

植民地支配の残滓

守山工場の幹部が持っている現場労働者への差別意識は根強い。

工場の管理職は下級管理職も含めて本社と水俣工場から来ている。現場で働く労働者は九州から来た女子寮生も含め「現地採用」とし、「現地人」と差別的に呼ぶことさえある。同じ工場内でありながら二本立ての賃金体系、異なる労働条件を導入する労務政策を押し通す。

チッソは九州南部の漁村である熊本県水俣に工場をつくる。そこに、それまで縁もゆかりもない新たな技術体系を持ち込んでチッソの基礎を築く。

以来、進出先の宮崎県延岡でも朝鮮や満州（中国東北部）でも、こうしたやり方で工場を成立させていった。

特に、チッソは植民地統治下の朝鮮半島で主力工場としていた興南工場では、低賃金と身分差別、過酷な労働を強いる労務政策を貫いていた。そうした前近代的な会社経営の残滓がこの守山工場での身分・賃金の二重構造につながっている。

細谷は組合活動にかかわる中で、この差別解消を最大の目的に据えることになる。

組合のビラ書き

1959（昭和34）年6月の参院選を前に、細谷は「有権者になったばかりの若い組合員に選挙の意義を考えるビラを書いてくれ」と、労働組合から頼まれる。労働組合運動にかかわるきっかけである。

日窒守山工場労働組合。正式には日窒アセテート守山工場労働組合（守山労組）という。1957（昭和32）年12月に結成し、組合員320人でスタートした。

細谷にビラの執筆を依頼した人物は、細谷より2年早くチッソ入りしていた川又淳司（東京工業大学卒、後に立命館大学教授）だ。川又は副委員長（非専従）で教宣部や青年婦人部の活動をしていた。その後、川又は組合活動で会社から睨まれ、チッソ大阪事務所に飛ばされる。

その大阪には水俣から飛ばされてきていた岡本達明（東大法学部卒）がいた。細谷を「戦友」と呼ぶ岡本との運命的な出会いがそこに待っていた。岡本との交友は後述する。

チッソは川又を大阪に飛ばしながら細谷を泳がせていた。それは「幹部候補生として生きている細谷の一面を見て、安心していたのではないか」。細谷自身も一生、組合活動をやる気はない。誰かがしなくてはいけない仕事で、誰もやらないのなら「やってあげよう」ぐらいの気持ちでいた。

だから会社はあまり警戒心を起こすことがなかったようだ。「むしろ組合活動を経験した幹部候補生がほしいと、積極的に願っていたのかもしれない。『労務と総務は絶対やらない』とかつてに宣言し、経理や資材の仕事を結構張り切ってやり、そのころにしては新しい統計の手法を用いて職務改善なども行っていた」

荒波が押し寄せるのは、それから後のこと。ある事件が細谷をのっぴきならぬところに追い詰めた。それは労働組合の分裂であり、水俣病の表面化である。

細谷はのちに同じチッソ傘下の労働組合である守山労組と水俣労組(新日本窒素労働組合)は「一緒に闘わないといけない」と考え、日本窒素労働組合連合会(日窒連合会)を結成する。そして「水俣病の原因はチッソにある」と断定され、手傷を負ったチッソが暴れ出す。当時、「何でこんな場に巻き込まれ、苦しまなければならないのか」と感じていた細谷だが、そこにはモラトリアム青年が社会に出たころの時代の本質、戦後日本の資本主義の特質が絡んでいた。

労使の談合

化学工業メーカーのチッソ水俣工場が、水銀入りの廃液を水俣湾に垂れ流す。その水銀を取り込んだ魚介類を地元の人は食べ続け、亡くなる人、神経障害などを起こす人が相次いだ。水俣病である。

「水俣病のことはまったく知らなかった。知らなかったことがショックだった」という細谷。守山労組の執行部入りする前年の1959（昭和34）年12月、東京で水俣労組の冬の一時金交渉につきあった時のことである。そのころ、労使交渉は水俣で下ごしらえし、本社（東京）で決着をつけるのが労使の慣行だった。

そこで細谷は水俣労組執行部から三役交渉報告を聞いて驚愕した。

その年、チッソは化学物質オクタノールの売り上げが最高となり、未曽有の収益を上げている。そこで会社は組合にこんな提案をしてきたのだ。「今年の一時金はちゃんと出す用意がある。しかし、水俣の現地では漁民が座り込みをしているので条件が二つある。一つは会社の経営状況を外部に漏らさない。儲かっていることを組合員に説明しないでくれ。もう一つは、おまえらが座り込みしている患者に貸している組合のテントを返してもらえ」

あろうことか、水俣労組は「それはよかった」と、何ら議論することもなく会社提案を受諾する。そして史上最高の一時金を手にする。

北風の吹く寒い師走。水俣労組は水俣工場の正門前に座り込み、会社に抗議行動を続ける水俣病患者家族から貸していた組合テントを会社との約束通り取り上げた。

水俣病は公害

この年、熊本県の水俣湾周辺で発生した「水俣病」は転機にさしかかる。

厚生省（現厚生労働省）の食品衛生調査会が11月に「水俣病の主因は有機水銀である」と答申。水俣病の患者らが工場正門前に座り込んだり、のちには漁民らが工場内に乱入するなどして、チッソの企業責任を厳しく問い始めていた。

政府が「チッソ水俣工場の廃水に含まれるメチル水銀が原因」と正式に認め、水俣病を公害認定したのは１９６８（昭和43）年９月。１９５６（昭和31）年５月に患者が公式に確認されてから12年が過ぎる。この間、亡くなる人が続出。被害は世代を超えて広がり、より深刻化させていた。住民同士が対立し、地域社会は引き裂かれていた。

そんな中で、細谷が目にした労使の裏取引である。

「目をつぶってくれればカネを出す」

そんな会社の発言は、水俣病闘争と組合闘争が一体になることを恐れた証左であろう。しかし、それに何の反発も抵抗もせずに会社提案を水俣労組が「のむ」。孤立を余儀なくされた患者たち。のちにチッソと「見舞金契約」を締結せざるを得なくなった一因は、実はここにある。

水俣の化学工場と守山の繊維工場との労働条件の格差是正に向けて、水俣労組との共闘を探り始めていた細谷にとって「衝撃的な出来事」であった。

「水俣病の問題は私にとって教師のような存在。水俣がなければ、私は琵琶湖の問題にそれほど取り組まなかったかもしれない」

のちにそう述懐する細谷。人の命と健康を奪う公害病の原点・水俣病をここで知った。

書記長に就く

守山労組は1960(昭和35)年、大きな転機を迎える。春闘要求方針をめぐって守山採用組と水俣出身組との間で亀裂が深まる。すでに切実な問題となっていた身分・賃金体系の一本化要求で不統一をさらけ出し、二転三転する代議員会。ついに緊急上程された執行部不信任案は圧倒的多数で可決され、水俣出身者中心の執行部は倒れた。

その年の夏、新たに第8期執行部が発足する。委員長には地元出身の武富寛幸が就き、細谷は書記長として執行部入りした。細谷は守山労組の委員長ポストに就かなかった。

「労働組合は現場の労働者が中核になるべきであり、学卒はその手伝いをするのだ」と、そのころ本気でそう思い込んでいた。「組合の専従になって、一生組合運動を仕事とする気はない」という思いもどこかにあった。

武富と細谷は1934（昭和9）年生まれの同い年で、25歳。武富は高校卒の本社採用組で、社歴では細谷の先輩になる。2人は以降、委員長、副委員長など主要ポストを交代しながら二人三脚で守山労組を引っ張る。

入社3年目の細谷にとって労働組合運動の本格的な始まりである。

時代の荒波

1960年といえば日米安保闘争、三井・三池争議などの熱気が全国に広がる戦後ニッポンの激動期である。

日米安全保障条約の改定をめぐり、政府はこの年の5月19日から20日未明にかけて衆院本会議で改定条約案を単独強行採決に出た。

これを機に反安保闘争は労働組合員、学生だけでなく、文化人、一般市民らも参加する大規模な反対運動に発展。国会は連日数万のデモ隊に囲まれ、流血事件も起きる。6月15日には全学連が国会構内に突入し警官隊と激突、東大生樺美智子さんが死亡し、国民に大きな衝撃を与えた。

改定日米安保条約は同19日、デモの嵐の中で自然成立したが、この反安保闘争は戦後最大の国民運動に発展し、岸信介政権は倒れた。

三井・三池争議もヤマ場を迎えていた。石炭から石油へと日本のエネルギー構造の大きな転換期にあって、赤字経営が続く三井鉱山が三池炭鉱(福岡県)の労働者の指名解雇に踏み切ったことで、総資本と総労働の対決は激化する。

組合側は無期限全面ストを指令し、会社はロックアウト(工場閉鎖)で対抗する。ストなどをめぐり分裂した組合の内部対立も絡んで複雑化し、282日に及ぶ血みどろの労使紛争に発展した。会社側が中労委への白紙委任とロックアウト解除を回答、組合も1200人の指名解雇を受け入れて終息するが、戦後の労働運動史上に残る大争議となった。

こうした時代の荒波は滋賀県にも押し寄せてくる。そんな中で始まった細谷の労働組合運動は海図なき旅路となる。

虎の尾を踏む

水俣からの転出者の労働条件を守りながら守山採用者の身分と賃金の差別をなくす。この身分・賃金の二重構造解消は守山労組結成の最大の動機であった。

「この差別を闘うには守山と水俣がバラバラで闘っていては会社の分断支配を乗り越えられない。同じ資本下の組合は統一して運動をやるべきだ」

そう決断した細谷は、年末一時金闘争に入った11月、守山労組と水俣労組の共闘組織として日窒連合会（日本窒素労働組合連合会）を結成し、上部団体の合化労連（合成化学産業労働組合連合会）にも加盟した。新たな闘争体制の構築である。

これがチッソの虎の尾を踏む。

チッソにとって守山工場は化繊の会社である。全繊同盟に入ってもらわないと困る。黙って見過ごすわけがない。それに守山工場の賃金一本化要求は、必然的に水俣も含めたチッソ全体の制度一本化につながりかねない。チッソは電気化学（水俣工場）、石油化学（千葉・五井工場）、化学繊維（守山工場）など各部門の工場ごとに労働者を分割支配している。

「水俣労組はストライキを遠慮なしに打つ。そんな闘争至上主義の総評の優等生組合に守山も五井もしたくない」。それがチッソの労務政策の基本である。それだけに、細谷を理論的な支柱として工場内の差別撤廃、全社一本化に取り組む守山の組合運動を危険視したのであろう。もはや「力でつぶす以外にない」

守山工場の労務は、課長、係長、窓口責任者いずれも東大出身者で固めている。ある日、緊迫した労使交渉の場で、東大出の窓口係員が細谷にいった。「ここまで僕たちが言っても判らないなら、もう僕と君とは先輩、後輩の仲でなくなる。いいか」と。

会社と労働組合というまったく立場の異なるところへ、突如、東大の同窓意識が飛び出した。日本の企業内組合が分裂しないで存続している背景には、こうした類の会社と組合の立場を超越する人間関係があるのかもしれない。しかし、細谷は会社主導でつくられた守山労組をひっくり返して、地元採用組につくり変えた。

労使交渉のたびに東大の先輩、後輩関係を持ち出すことは「会社側の『組合分裂』の狼火《のろし》であったかもしれない」。しかし、その時、細谷はそこまで読めなかった。

なりふり構わず妨害

会社はなりふり構わず妨害工作に出てくる。

団体交渉では年末一時金要求にはなんら回答せず、新たに「年間臨給と四条件」を守山労組に提示し、受け入れを迫る。

年間臨給とは、低賃金を押しつける繊維産業方式の導入である。そして四条件とは①化学繊維をつくっているから労働条件は化繊並み②労使協調をとること③（守山工場は）新日本窒素（水俣）の一部ではなく独立した事業所④日窒連合会への委任交渉は認めない——というものである。

〝挑戦状〟はこれだけではない。守山労組が「日窒連合会結成と合化労連加盟」議案を代議員会で議決し、その是非を組合員の全員投票にかけた時だ。会社は投票所近くに拡声器を設置して「私は社長の吉岡であります」で始まる妨害テープを流す。社長声明文として掲示もした。会社の露骨な妨害行為である。

1960年11月、守山労組の滋賀県地方労働委員会への申立書は、社長吉岡喜一の弁をこう記している。

＜生産性の増強に批判的で、闘争至上主義に走る組合の傘下に入ることは、この工場をつぶすことになるわけで、皆さんがこのような組合を支持するかしないかは、工場の運命にかかわっていることを深く考えてください。従業員の人たちが生産に非協力的な組合を正しいと思うようであれば、この工場の今後の増設はもちろん新しい事業計画も白紙に戻さねばなりません＞

これは会社が組合活動に支配介入する明らかな不当労働行為である。

「会社はすごい暴挙に出てきたが、守山労組の固い意思は揺るがない」。守山労組の代議員会も一般投票も圧倒的多数で執行部方針を支持し、日窒連合会結成と合化労連加盟を承認した。細谷は日窒連合会の中央書記長に就任した。

組合の分裂

労使関係は新たな段階に入る中で、事態は思いもよらぬ方向へ動き出す。12月に入り、労使交渉は緊迫の度を増す。会社は「四条件」を譲らず、組合は24時間ストを断行して拒否を貫く。組合結成以来初の終日ストである。

そこで起きたのが、組合の分裂だった。年の瀬の23日深夜、水俣工場から転勤してきた職員、職長らが中心となって守山労組に脱退届を提出し、第二組合を結成した。そこには85人が名を連ねる。「まさかの事態である」。会社が画策して労使協調の「御用組合」をつくったのだ。

この分裂工作は不当労働行為そのものだが、ここから会社と第二組合よる第一組合・守山労組への攻撃、排除が始まる。第一組合員への脱退工作が強まっていった。もはや一時金闘争どころではなくなった。

労使交渉は越年した。さっそく守山労組執行部は闘争態勢を整える。日窒連合会、合化労連、滋賀地評（総評滋賀地方評議会）、野洲地区労（野洲地区労働組合会議）による日本窒素共闘会議を結成した。地域を巻き込む抗議行動に発展した。「細谷は争議を通じて水俣をはじめとする広範な連帯の基礎を築いたのである」（大門信也『労働者たちのリサイクルせっけん運動』）

その一方で、会社は職場で第一組合である守山労組の組合員に脱退を迫る。そのやり方はすさまじい。班長職などにつく守山労組の組合員は、その主要ポストからことごとく外し、雑役に回す。小間使いとして扱う。地域においては組合員の親戚などに圧力をかけて切り崩しを図る。地縁血縁を使った会社のあの手この手の「組合つぶし」である。

当時、委員長だった武富は、『水俣病の民衆史─闘争時代(上)』(岡本達明著)でこう振り返っている。

〈部下から組合(第一組合)脱退の署名をどれだけ取ったかが、会社の評価基準だった。組合を切り崩すのに地元の親戚や行政を使った。行政というのは町長とか町会議員とか。行政としたらせっかく誘致したのに、お前ら旗立てて壊すのかと。守山は農村だし、自民党の地盤。採用のときの保証人を狙った。土地を買収するときの条件に、子弟を工場に採用しますとかいろいろある。1960年頃まではまだ守山は就職難。中卒も高卒も学校推薦でトップクラスしか採用していない。保証人がそんな組合やめろといえば効いた〉

チンピラ執行部

チッソの労務政策の基本は、守山と水俣の組合を切り離すことにある。会社と第二組合による守山労組の切り崩しは日増しに激化する。分裂時に1000人ほどいた組合員は日に日に減っていく。決起集会をたびたび開く。初めて構内デモに打って出た。そして滋賀県地方労働委員会のあっせん案を受諾したのは1961(昭和36)年1月もなかばだった。ここで武富―細谷執行部は会社の「四条件」はハネつけることができたのである。

それでも会社の分断工作、執拗な切り崩しが続く。「さあ、これからどうするか」。2月、3月、組合員が雪崩を打って第二組合に行き始める。このままでは守山労組の先細りは避けられない。61春闘が目の前に迫ってくる。ここで、なんとしても守山労組、労働組合の存在意義を知らしめなければならない。

当時、細谷は26歳。守山労組執行部では、その若さでも最年長である。しかも全員独身。組合員の大半は16、17、18歳の少年少女たちだ。会社や第二組合の幹部らは「チンピラ執行部」とからかい、「おまえら小僧、生意気だ」と相手にもしない。「第一組合の消滅はもはや時間の問題だ」と声高に叫ばれていた。

「細谷攻撃」も激しくなる。デマも流す。

「おまえらは細谷に騙されている。細谷には出世の道が二つある。一つは会社に帰って出世する道。いま一つは総評で出世する道。どっちでも、あいつはおまえらを利用して出世するだけだ」

会社側は「細谷が離れていけば組合を壊滅させせられる」とみている。重役になる道を自らさっさと降りている細谷である。「離れない。労働組合でまっとうする」と、逆に腹をくくる機会でもあった。

そんな中で、守山労組は春闘方針を提示した。「このまま負けてしまうのは腹立たしい。組合がつぶされてしまう前に賃上げ闘争を組み立て、最後の一戦に挑もう。ストライキを連発して会社に一矢をむくいる」というものだ。

「ここまでやって首になっても仕方がないじゃないか」。細谷は破れかぶれではなく、本気でそう考えていた。

ロックアウト

守山労組の存亡をかけた春闘である。4月下旬から5月中旬にかけて24時間スト、48時間スト、72時間ストと反復ストを繰り返す。会社はロックアウトに出る。守山労組は無期限ストで対抗する。労使の全面対決である。滋賀県の労働運動史上で近江絹糸争議に次ぐ闘争となった。

近江絹糸（現オーミケンシ）は当時10大紡績の一つ。争議は1954（昭和29）年6月から約3カ月にわたって彦根工場を中心に起きた。労働組合が結婚・外出の自由、信書開封・私物検査の即時停止、仏教の強制反対など22項目の要求を会社に突きつけた。無期限スト、ロックアウトの労使全面対立に発展。会社の誠意のなさに中央労働委員会もあっせんを打ち切る始末で、争議はドロ沼化する。前近代的な体質の会社は国内外の厳しい批判にさらされ孤立無援となり、労組の人権要求をすべて受け入れ、106日間に及ぶ争議は終結した。日本の労働運動史上に残る人権争議である。

「守山の闘い」の緊迫した状況は『組合潰しと闘いぬいた労働者たち―化学産業複数組合連絡会議30年の軌跡』(同会議編)に、こう記録している。

<組合は水俣労組、滋賀地評などから応援を得てピケを張り、第二組合員を就労させなかった。5月23日、会社はロックアウトを通告してきた、組合は無期限ストで対抗した。第二組合員は連日、就労をはかったが、私たちのピケに拒まれた。しかし、5月26日になって第二組合員約200名が無防備であった工場排水溝や工場裏手の工事用通用門から侵入した>

裏切り者がいっぱい

守山労組の若手組合員で、後に組合最後の書記長を務めた辻吉弘はそのころの工場内の様子をこう話す。

「『向こうに(第二組合)行くな』といっていた先輩が、ストライキのさなか『自分は第二組合に行くが、君は第一組合でがんばってくれ』と。信頼して行動をともにしていただけに、怒りを抑えきれなかった」

「ロックアウト中、第一組合員としてピケを張り、『頑張らないかん』といいながら一緒に徹マンしていたヤツが、あくる朝、第二組合に入っている。どぶ川(排水路)から工場内に入って就労する。そんな裏切り者は、ほかにもいっぱいいいた」

教宣部長を務めた長尾是史の証言である。

職場では人間関係が壊れる。誰を信じていいか分からない。「細谷さんだって裏切るかもわからんなという気持ちでいた」という長尾。『細谷はいずれ会社に戻って転勤していく。お前らを裏切っていくやつや』という話が職場に出回る。労働者には学卒の人には偏見がある。いつも敵対心を持っていた。労働組合の役員をすることで組合員を利用する風にしか映っていない。なにしろ学卒は幹部候補生でしたからね」

メディアも取材

若い女子従業員のデモに門前ピケ封鎖、そしてスト破り…。滋賀県が誘致した第1号メーカーの労使紛争である。世間も関心を見せ始める。メディアが取材にやってきて、連日、報道する。警察も様子を見に来る。

京都新聞は1961年5月26日朝刊でロックアウトの状況をこう報じた。

〈会社側の工場閉鎖とこれに対する組合側のスト延長通告でヤマ場に入った日窒アセテー

ト守山工場の争議は25日朝、工場正門前で第一組合と第二組合がにらみ合い、一時緊迫した空気がながれたが、混乱はなかった。

第一組合ではこの日朝7時すぎ工場正門前で組合員約500人に滋賀地評、地区労など支援労組員を合わせた約600人がピケを張った。これに対し第二組合は勤務交代時間の午前8時前、約300人が隊伍を組んで正門前に押しかけた。

この中で両組合の代表が就労させ、させぬで約20分間押し問答、一部でこぜり合いを起こし、一時緊迫したが、第二組合が強行就労をあきらめて間もなく引き揚げた。この間、第一組合が宣伝カーで放送、会社側が第一組合の不当性を大型拡声器で放送、マイク合戦するという一幕もあった。(中略)第一組合は第二組合の強行就労にそなえて、こんごもピケ隊を強化、また第二組合もいつでもすきがあれば就労しようという構えをみせているので、緊迫した空気は29日まで続くものとみられる〉

世間の目

長尾は語る。闘争が本格化したころ「細谷さんはいつもピケやデモの先頭にいる。学卒ってそんなに悪い人ばかりでない」との思いが組合員に生まれ始める。闘いを通して「細谷さんとは結構親しくなっていく。みんなもかなり信頼していた。いろいろ学ぶことばかりだった」

労使の全面衝突が報道され、世間に知れ渡る。守山はまだまだ保守的な土地柄である。狭い地域社会だけに世間体も気にしてか、「おふくろが『細谷さんはいい人やけど、ええ加減にしとかなあかんのと違うか』とか、『もう第二組合へいったらどうや』とかいっていた。母親としては息子が地元の優良企業に入ったことを自慢していたのに、『どうして?』という気持ちだったに違いない。やっぱり肩身の狭い思いをしていたのではないか」。そう語る長尾。

当時長尾は細谷の家の隣に住んでいただけにこんな話もした。

「よく東京から訪ねて来ていたお母さんが『卓爾がこんな田舎で赤旗を振ることになるなんて考えられないわ。文学を勉強したいといっていたのに経済を勧めたのが間違いだったのかしらねえ』と、庭の草をむしりながら私の妻に話していた」という。

「おかあさんは『こんなはずではなかった』と、私に嘆いていたことを覚えている」と細谷の妻真智も語る。

第1組合の旗守る

守山労組の執行部全員、そして合化労連、水俣労組などのオルグらが近くの旅館「石秀」に寝泊まりし、24時間態勢で徹底抗戦したさしもの戦いも、6月4日、県地労委のあっせんを受諾したことで終わった。壮絶な闘いであった。

「もしかしたら組合は霧散霧消するかもしれない」。そんな危機感のなか、組合の存亡をかけて臨んだ闘いだったが、守山労組は残った。生き残った。だが、闘争後、「職場に入っても差別がひどい。第二組合への誘いなどで、仲間が次々に会社を辞めていく」（辻）。

その一方で、カギと見られていた女子従業員の多くがついてきて、第一組合の守山労組には520人（男270、女250）もが残った。第二組合の420人（男370、女50）を凌いでいたのだ。

守山労組は総括した。「組合潰しと闘いぬいた労働者たち」にこう記している。

＜組合分裂と引き続く会社の非人間的な労務政策による分裂攻撃のなかで、どんな風雪が来ても絶対に負けない組織「第一組合」の旗をみんなでしっかり守り通し、あらゆる差別迫害やいやがらせのなかで、自らを鍛えていった。このなかから「闘ってこそ私たちは生活を守り、向上させることができる」、「戦いのなかでこそ仲間への血のつながった信頼関係が深まる」ことを学んだ＞

滋賀県の労働運動史に足跡を残す大闘争だった。しかし、この闘争はなぜ起きたのか、「さしたる対立もない中で、突然組合分裂が会社から仕掛けられた」。（のちに本稿で取り上げる）「水俣労組の安賃争議の予行演習」（花田昌宣ら『水俣病と向き合った労働者の軌跡』）だったのか。

守山労組は労使交渉では結果的に第二組合の妥結内容を乗り越えられないまま、少数組合に転落していく。

「東京に帰ってこい」

細谷が自らの仕事について深刻に悩んだのは、このころである。東京の両親は「チッソを辞めて東京に帰ってこい。大学院にでも行って、別の仕事先を探したほうがいい」と、しきりに勧める。

会社は「細谷は転勤を希望している」というデマを流す。現場では「学卒はもともと信頼されていない」（辻）。「東大出が最後まで（組合に）つき合うはずがない」という雰囲気も生まれていた。

こうした中で、細谷は主張し続けた。「労働者を人間として大切に遇しない会社は発展しない。労働者は仲間を裏切ったり、強いものに媚びたりして、人間として会社の従属物にされないようにする」ということだ。だから「どんなに苦しんでも辛くとも、この守山の第一組合から離れることはしない」

この信念だけは守ろうとした。そう細谷は決意するのだが、コトは簡単に運ばなかった。その背景には組合の分裂による事情の変化があった。会社の人事である。

会社は業務命令で学卒者をどこへでも転勤させることができる。「組合活動の抑圧」となれば不当労働行為になるが、その立証はなかなか難しい。そこで守山労組は配転を阻止するため、細谷を組合専従にした。

細谷の給料を組合費で持つということだ。ところが、守山労組の組合員は会社と第二組合に切り崩され、どんどん減っていく。それは同時に組合費の減少につながっていく。それではいつまでも組合専従を続けることは不可能に近い。

水俣が守山を支援

その時、細谷を外から支えてくれたのが水俣の労働組合である。

当時、水俣労組は4000人近い労働者で組織していた。その大労組が守山労組との日窒連合会結成を機に、細谷を連合会の専従書記長とし、「守山駐在、守山労組書記長兼任」にした。つまり水俣労組が細谷の給料をサポートすることにしたのだ。

また水俣労組は守山工場の労働争議に組合員一人3000円のカンパも決めた。当時、水俣労働者の平均月給は約2万円。その給与水準からすれば、いかに巨額のカンパであったかがわかろう。水俣労組は単に財政的に守山労組を支えただけではない。このころから水俣労組との打ち合わせで足繁く水俣通いをする細谷を水俣の組合員は暖かく迎え入れた。

「守山の若者たちも20年、30年たって、30歳、40歳になれば、こんな顔をするようになるのかな。そうなるなら一生つき合っても後悔しないなぁ」。細谷は当時、将来の確たる見通しや、仕事の手ごたえまではつかんでいなかったが、徐々に「労働組合の専従を一生の仕事としてもいいのではないか」と思い始めていた。揺れる心の振幅が少なくなっていく日々でもあった。

（2）水保闘争

「安賃闘争」始まる

敗戦で国外の工場を失い、財閥解体までされたチッソ。戦後、いち早く生産を再開したのが本拠地の水俣工場である。会社幹部のほとんどは朝鮮興南工場から引き揚げてきた人たちだ。水俣工場の労務政策は低賃金と差別で労働者を使う興南工場の「植民地方式」を守山工場に先立って導入していた。そこで水俣労組の要求は一貫して賃上げと身分制度の改善にあった。

その水俣工場で労使が激突した。

チッソが1962（昭和37）年の春闘で守山労組に続いて水俣労組にも本格的な攻撃を仕掛け、大争議に発展する。「安定賃金闘争」（安賃闘争）である。守山闘争から1年後のことで、三池闘争後ではわが国最大の争議となる。

細谷は日窒連合会書記長として水俣に向かい、安賃闘争支援に乗り出す。その水俣滞在はおよそ半年間も続いた。

「安定賃金」は、会社が水俣工場からの撤退、技術的な視点でいえば、電気化学から石油化学への本格的な転換を進める中から出てきた。会社が水俣労組に提示した骨子はこうだ。組合には3年間ストライキをやらないことを条件に、同業他社並みの賃上げを3年間保障するという「長期賃金協定」（安定賃金協定）の締結である。

これに対して、水俣労組はストライキ権を3年間凍結すれば「首切り人員整理に無防備になる」として猛反対したのだ。

水俣労組も分裂

当時、日本の産業は石炭から石油へのエネルギー転換期にあって、国内の炭鉱が次々に縮小、閉山に追い込まれる。60年には労働運動史上に残る「首切り反対」の三池闘争があったばかりだ。化学労働者が「あすはわが身」と考えたのも当然といえる。

チッソは組合を分裂させた「守山の経験」を水俣で応用しようとした。これまでの企業の枠を超えて進めてきた労働組合の産業別統一闘争を崩壊させ、スト権剥奪で弱体化を狙う戦略を持ち出してきたのである。

水俣労組は「会社の狙いは人員整理である」と位置づけ、闘争は激化した。合化労連は「化学産業の統一闘争への挑戦であり、合化労連全体への攻撃」と言い切り、反対闘争の前面に出る。地域も巻き込む。守山労組の組合員も支援に駆けつける。水俣労組は細谷が直面した守山闘争と同じ道をたどり始めることになる。

守山労組の分裂ですっかり味を占めた会社である。7月に水俣労組を分裂させて係長、主任、学卒らを中心に第二組合を結成させた。さらに第一組合の水俣労組に対してロックアウトを通告。水俣労組は無期限ストで対抗するなか、第二組合員はバス6台に分乗し、ピケ隊の手薄な引き込み線から警官1000人に守られ工場内に乱入する。職制や地域の有力者を使って第一組合員の切り崩しに奔走する。（水俣労組編「安定賃金反対闘争を経て、水俣病との闘い、差別是正へ」）

着の身着のまま水俣へ

この年の5月26日、守山労組の組合事務所が不審火で全焼し、守山闘争の貴重な資料をすべて失う。放火の疑いが濃かったが、犯人はわからずじまい。不可解な事件の発生に衝撃が走った。そんな中、細谷は日窒連合会の専従書記長として安賃闘争を支援、指導するため、水俣に向かう。守山労組委員長の武富も連合会副委員長として参加した。

現地では後に細谷が師と仰ぐことになる合化労連書記長の西野六郎が張り付いていて、3人は水俣労組事務所に寝泊まりした。あのころ細谷も武富も独身。まさか半年も水俣に滞在するとは思わず、着の身着のままの水保行きであった。

水俣闘争は、まさにチッソと日窒連合会との闘いだ。第一組合である水俣労組の若い組合員を集めて青年行動隊を組織し、その隊長としてストライキやピケの最前線に立った。水俣労組員に対する脱退工作の監視や第一組合離れを食い止める活動にも奔走。水俣駅前ではチッソ社長を渦巻きデモで取り囲むこともあった。

守山労組の一般組合員も2、3日の日程で安賃闘争に参加した。長尾は振り返って語る。「みんな『組合休』をとって水俣に行き、水俣労組の組合員宅に寝泊まりして闘った。そして学んだ。「守山の闘争時には水俣からずいぶん応援に来てくれ、指導もしてくれた。水俣の組合員とは一体感があった。同じように切り崩しに合っているからね」

守山でも水俣支援

その年の11月、細谷は守山労組の年末一時金闘争に向け、いっとき水俣を離れ、守山に戻る。

「同じ資本の下での組合は統一して運動をやるべきだ」という細谷の信念は変わらない。守山の一時金闘争と水俣の安賃闘争を連動させることで、会社を側面攻撃することを狙った。「会社が飲めそうにない大幅要求を出して、分裂攻撃にさらされる水俣労組を側面から支援する闘いを進めた」のだ。

日窒連合会、合化労連、滋賀地評、地区労、さらに東京に向かう三池労組の組合員約200人を守山で途中下車させるなど炭労の力も借りた。

この総動員作戦が功を奏し、会社は第二組合の要求を大幅に上回る回答を守山労組に提示し、短期間で大きな成果を得ることができた。

チッソにとっては守山労組と水俣労組が一緒になって闘われては困るのだ。「水俣労組の組合員を守山に行かせてはならん」。第二組合と差別化した回答をすることによって、守山と水俣を切り離す戦略で出た。まさに日窒連合会への分断工作である。

安賃闘争の最大の焦点は「日窒連合会が一致結束して闘い抜く」ことだった。それだけに守山の闘いで負ければ資本との闘いは総崩れになる。「資本の攻勢を食止めるためには守山で負けるわけにいかない」。会社はこの細谷の勢いに押されたのは間違いない。

水俣の安賃闘争はどんどん大規模化し、そして長期化する。水俣労組が最終的に中央労働委員会（中労委）のあっせん案を受け入れ、闘争を終結したのは1963（昭和38）年1月である。全面ストライキから183日が経っていた。

日本の労働組合は企業別に組織されている。そこで労働組合が会社の労務政策に反対する方針を立てれば、会社の方針に迎合するグループの組織離脱が必ず起きる。組合の分裂である。1960年前後の労働組合の高揚期に多くの組合がこの道をたどった。組織の分裂を防ぎながら会社の労務政策に対抗するにはどうすればいいか。組織が分裂して企業内で少数勢力に転落した時、どう闘っていけばいいのか。

それは「地域の闘いの中に活路を見いだせるかどうかにかかっている」と、細谷は考えている。だが、組織分裂の危機に直面して、あえて闘いを挑む労働組合の指導者は少ない。

少数組合の存在意義をどう見いだすかは、労働組合の多くが企業内組合であるだけに難しい。少数組合は労働組合運動の中で次第に孤立感を深めていくことになる。

「橋の杭たれ」

細谷は最も影響を受けた人物の一人として西野六郎をあげる。水俣労組の安賃闘争で寝食をともにした合化労連の書記長である。先の大戦でソ連(現ロシア)に抑留され、帰国後、「労働者階級の解放のため一生を捧げる決意で組合運動を始めた人」である。

「生意気にも『六さん』と呼んでいた」という細谷は、「西野さんから労働組合の指導者としての心得を徹底的に学んだ。抑留時代の話をよく聞き、ずいぶん教えを受けた」。その眼目は「組合幹部は橋の橋杭たれ」ということだった。この言葉はソ連の社会主義者の中で語り継がれているという。

ソ連の革命戦争の際、戦車を対岸に渡すため、共産党員が次々と川の中に飛び込み、人で杭をつくり、背骨が折れ、流されても、流されても闘った、という逸話から出ている。一口で言えば「人には負えない辛い仕事は自分で引き受け、大衆には向こう岸に渡る栄誉を譲れ、ということだ」と。

「革命はロマンを抜きにしてはできない」。西野のこうした言葉は細谷に強烈な印象を残す。「六さんの一挙手一投足はまさしく『橋の橋杭』だった。『九を聞いて一を語れ』とか、『他人のことをしゃべるなら死を選べ』とか、いろいろ聞いた。人生の師ですね。六さんの教えにどこまで忠実に生きてこられたか」。そう述懐する細谷である。

西野は労働運動ひと筋の人だった。水俣労組の安賃闘争は「西野闘争」と呼ばれたほどに闘争の指揮者、最高責任者であった。総評議長で合化労連委員長の太田薫を支え続けた人でもある。その太田議長にとっても水俣の安賃闘争はお膝元である合化労連の争議であっただけに、水俣に来て大衆集会で演説などしていた。

細谷は当時ひとり身。正月に帰京せず組合事務所でストーブにあたっていた時のことだ。太田は細谷の顔を見てこういった。

「自分は世のため人のため、いいことをしていると思っているだろうが、親はせっかく大学まで出したのに何てことだと思っている。正月くらい親孝行に顔を出してこい」

「争議ではどんな時でも絶対に逮捕者を出してはいけない。現場でどれだけエキサイトしても、警察の挑発に乗らずに、組合員から怒鳴られても引く時は思い切って引け」

こうした指示を徹底していたことも細谷には印象深く残っている。三池闘争では、組合員や主婦の会に多くの逮捕者を出した。それから見ると水俣ではわずかな逮捕者しか出さなかった。

大衆運動に骨埋める

水俣の安賃闘争は、細谷にとって後に滋賀地評の事務局長として仕事をするうえで「得難い経験となった」。こう振り返る細谷。さらにいう。

「守山の組合分裂は初めての体験であり、当事者として感覚的には磨かれたところがあった。しかし、論理化するまでには至らなかった。それが水俣では、組合の分裂も、分裂下のストライキも、経験者として多少ゆとりをもって客観的に臨むことができた」

そのおかげか、「大衆運動の中でどう生きていけばいいのか。その生き方がわかった。言い換えれば、労働者と一緒に闘う。その先頭に立って闘う。社会や政治と闘う。そういった時に、『右だろうが左だろうが』から『左だろう、左だろう』に切り替わった。大衆とともに歩むとは、そういうことだ」と理解した。

細谷は「吹っ切れた」のである。なによりも水俣闘争があったからこそ、細谷は「大衆運動に骨を埋める」という意思を固める機会になった。

守山労組と水俣労組の決定的な違いは労働者の年齢にある。守山は若い人が中心だ。女性も多い。しかし、水俣には40代、50代の人が多い。親子二代という人も少なくない。中には三代目もいる。みんな働き盛り。家族もいる。家もある。チッソの日常的な差別支配の中で耐え抜いてきた労働者である。少々のことではヘコたれない。まさに生活がかかっている。人生をかけて闘っている。

「その姿に触れることができた」という細谷。「守山の若者たちも20年、30年経てば、きっとこんな顔をするようになるのであろう。であれば、『私の人生を大衆運動にかけてもいい』と、ほんとうにそう思った」

細谷は水俣の闘いで「大衆の中で生きる」確信を得た。西野との出会いは、細谷の人生にとってエポックとなった。

わが友

チッソ水俣労組の委員長を務めた岡本達明は、激動の時代をともに歩んだ細谷の親友である。合化労連書記長だった西野とともにかけがえのない友である。

岡本は、1957（昭和32）年3月に東大法学部を卒業し、チッソに入った。細谷の一年先輩になる。「上の方に行ってもたいしたことはない。大事なのは下の方だ。日本という社会の基底を掘り下げて行ったらどこへ行き着くのか。オレはこの目でそれを確かめたい」。10歳での敗戦体験からそう思うようになったという岡本は、チッソでは現場の工場配属を希望し、水俣工場に勤務する。

そこで岡本は詩人であり思想家でもある谷川雁と出会う。谷川宅には水俣の悲劇を『苦海浄土』を著した石牟礼道子も顔を見せている。

その谷川とのつき合いが会社に危険視されて、熊本から大阪へ飛ばされる。大阪では守山労組の細谷との交流がばれて東京へ。さらには福岡へと、飛ばされていく。細谷と岡本とを引き離すためのチッソの配転である。

そのころ、細谷はチッソの「身分・賃金差別」と闘う守山労組の書記長で、組合の分裂攻撃にさらされ、悪戦苦闘の中にあった。

岡本は細谷の闘いが気になっていた。「達ちゃん(岡本)は月に1回ぐらい守山に来ていた。『平和』などをテーマに話もしていた」と、元守山労組の長尾は語っている。

「又さん(川又)の手引きで、守山工場の労働者たちとも知り合った。その一人に筆者より一級下の入社で東大経卒の細谷卓爾がいる。細谷は組合を分裂させられたとき、第一組合に残り書記長をした。チッソの各工場の組合を合化労連に加盟させ、水俣組合と共に連合会をつくり、チッソの労働運動を展開しようというのが、筆者たちの考えだった。細谷とは生涯の戦友となった」（岡本達明『水俣病の民衆史第3巻　闘争時代（上）』）

飛ばされた先の福岡営業所は水俣工場に近い。「しめたと思った」という岡本。「イチかバチか労働組合をつくった」。チッソ福岡営業所労働組合である。組合に20人が入る。会社はすぐさま組合つぶしへ動く。岡本を長崎の離島に出張させ、その留守中に切り崩した。最終的に組合は「岡本のひとり組合」に陥ってしまう。

「恥宣言」

そのころ細谷は、守山労組と水俣労組でつくる日窒連合会の書記長の任にあった。福岡にいる岡本の「水俣復帰」に向けて、水俣労組の説得を重ねる。しかし、当時、水俣労組には大学を卒業した「学卒者」は一人もいない。しかも、岡本は東大出だ。「そんなヤツを組合に入れて大丈夫か」、「会社の回し者ではないか」。「岡本加入」に水俣労組の抵抗感は強い。

安賃闘争後、岡本が日窒連合会を経て水俣労組入りする確かな道筋を細谷がつけた。「卓ちゃん（細谷）がいなければ（組合に）入れてませんよ」と、岡本はそう振り返る。

岡本は1964年に水俣労組（第一組合）の専従執行委員（教宣部長）となって、水俣に「自分の足」で復帰した。飛ばされ、飛ばされた6年もの「強制遍歴時代」をやっと終えた。そして、のちに水俣労組委員長として、あの歴史に残る「恥宣言」を起草した。「水俣病に対して何も

してこなかったことは、労働者として人間として恥である。こんご水保病と闘う」（1968年8月、水俣労組第31回定期大会）

労働組合として初めて公害被害者との共闘を宣言した歴史的文章は、こう記す。

＜安賃闘争から今日まで6年有余、私たちは労働者に対する会社の攻撃には不屈の闘いをくんできた。その経験は、闘いとは企業内だけで成立しないこと、全国の労働者と共にあり、市民と共にあること、同時に闘いとは自らの肩で支えるものであること教えた。

その私たちがなぜ水俣病と闘い得なかったのか。闘いとは何かを身体で知った私たちが、今まで水俣病と闘い得なかったことは、正に人間として、労働者として恥ずかしいことであり、心から反省しなければならない。

会社の労働者に対する仕うちは、水俣病に対する仕うちそのものであり、水俣病に対する戦いは同時に私たちの闘いなのである＞

こうして1970年代に入ると、岡本ら水俣労組の組合員たちは、患者や市民とともに闘い、公害とも対峙する労働者として戦後史に名を残していくのである。（大門信也「労働者たちのリサイクルせっけん運動」）。そこには、「恥宣言」を支持し、「公害、労働災害の根絶に向かう労働者を励ましに行くのは当然」とする細谷の姿があった。細谷の支えと頑張りがあった。

岡本は、後に『水俣病の民衆史』（全6巻日本評論社刊）を世に問うた。水俣病事件とは何か。加害者と被害者の相克を縦軸に、被害者と社会のあつれき、病に伴って生起した社会事象を横軸に、いったい何が起き、どう進展していったのか。その事実を丹念に聞き取り調査し、考察している。事実は加害者がみる事実と被害者、民衆がみる事実とで異なる。本書は複眼の視点で事実を追究し、特に被害者、民衆らが肉声で語る事実を最も重視した事件の全記録である。岡本は、ほかにも『水俣病の科学』（日本評論社）など水俣関係の著書を出す。人生を「水俣病との闘い」に捧げた人である。

水俣から学ぶ

細谷には水俣から学んだことが二つある。

一つは工場の中の労働災害と工場の外の公害とは「表裏の関係」にある。地域社会から採用している現場の労働者を無視することは、地域社会を無視するということだ。つまり労災は地域の公害につながる。もう一つは漁民や地域住民、労働者らみんなが自然界の変化に鈍感になったとき公害になる。水俣病発生の理由はここにある。

細谷はチッソに入社するまで水俣病について「何も知らなかった」。岡本もチッソとの闘いを通して「水俣病を知った」

安賃闘争から5年。細谷は熊本の岡本宅に一週間泊まり込んで、2人で議論を重ねながら共同で論文を書き上げた。それが「公害根絶と労働者」（合化労連「月刊合化」1976年12月号）である。執筆者名は細谷卓、水沢明となっている。なぜかペンネームを使っている。細谷は「よく覚えていない」。当時、滋賀地評の事務局長に就いていたことが影響していたのであろうか。

反公害、反労災の源

この共著論文「公害根絶と労働者」は、公害と労働災害の根絶に向けた「運動論」であり、その後の細谷の「思想と行動」の原点となった。その要点の一部を引用する。

＜公害は資本主義の生産関係に付随して発生する社会的災害といえ、主として工場の生産過程から発生する。しかも、この災害は、大部分は技術的に防止できないものではなく、経済的に防止できないのである。すなわち公害は、利潤極大の法則―資本の「不変資本充用上の節約」によって引き起こされる私害である。また労働災害も根本的に「不変資本充用上の節約」、わけても労働者を犠牲者としてみなす「労働諸条件の節約」の直接の産物であることは定理である。

公害も労働災害も資本制生産関係の必然的な産物である。従って資本主義社会にあっては不可避であり、その本質は同一であって、その発生源はどちらも資本の生産手段の中に内在している。

　巨大な生産手段にとって、その中枢部分での安全装置への投資は、災害が生産手段へ致命的な打撃を与えるがゆえに、欠くことのできぬものである。その限りにおいて労働者は労働災害からまぬがれる。しかし、そこにおいて資本の利潤率増大の法則は、労働密度の強化に向けられ、労働者の肉体、生命のみならず、労働者の神経、生命が損傷されるという新たな質の労働災害を生み出す。

　一方、巨大生産中枢部以外にあっては、徹底した災害防止施設への投資が節約される。しかも、その危険な職場へは臨時工、下請工、社外工など未熟練労働力が配置され、災害の激増を生み出している。さらに独占資本の巨大化に比例して、次々にその収奪機構下におさめられていく中小資本にあっては、安全施設への不変資本投資は欠落し、労働災害の激増に拍車をかけている。

　この関係は公害においてもまた同一である。公害は彼らの支配する労働力に直接被害を及ぼすのではなく、自然環境を破壊し、地域住民に被害を及ぼす〉

自由な労働者

細谷は「公害と労働災害は同じ土俵上にある」とする。

資本主義社会において企業は、「不変資本充用上の節約」、つまり投資効率をあげるために機械や設備、原材料など不変資本を節約することによって生産費を減少させ、利潤の拡大を追求する。言い換えれば、労働災害や公害発生を防止する労働衛生や安全対策、技術改良などへの投資を怠る。社会に強制されない限り、下請けや労働者などの生産条件、雇用条件を変えない。なぜなら、こうした「節約」をやめれば、利潤率が低下するからである。

そこで、公害と労働災害を根絶する運動論である。公害と労働災害は本質において同一であるが、労働者の立場としては複雑である。労働災害において労働者は被害者である。では、公害においてはどうか。労働者は工場の中では公害を生む生産に従事しており、地域住民に対しては資本とともに加害者となる。その一方、工場の外では一住民として他の地域住民とともに公害の被害者の立場と重なる。

だから、この二つの顔を持つ労働者、労働組合が公害との闘いに取り組むためには、あくまで地域住民とともに資本の支配から独立していることが欠かせない。「資本からの独立」によって初めて市民、地域住民との「真の共闘」の道が開かれる。

細谷は、市民、住民との共闘の可能性を指摘する一方で、労働組合運動の脱皮も求める。当時、日本の企業内組合の主要な闘争目標が労働条件向上とりわけ「賃上げ」に向けられ、一定の成果をあげてきたことを評価しつつも、「労働組合を労働者にとって利益団体にしてしまっては、公害、労働災害と闘えなくなるのは自明の理である。労働組合は社会的存在としてあらゆる問題に立ち向かわなければならない」

水俣労組（第一組合）は、かつて年末一時金闘争で、水俣病を告発し、チッソの企業責任を追及する患者、被害者家族に目をつぶり、史上最高の年末一時金を獲得した。その消し難い事実を前に、「労働組合の闘いの根っこは資本に対する『団結』と同時に、資本からはもちろん、あらゆるものからの自由な労働者をつくりあげることにほかならない」とする。

細谷の「水俣の闘い」、そして社会運動の源はここにある。

ひとりの人間に帰る

水俣病患者の家族と水俣労組の組合員との「共闘」を細谷は、「公害根絶と労働者」でこう振り返っている。

〈1970年5月13日16時、チッソ水俣工場の第一組合である水俣労組は、補償処理委員会とチッソとのなれ合い補償を見て企業責任を追及、全面8時間のストライキに突入した。この日、朝早くから裁判で損害補償を要求し、チッソと闘っている水俣病患者家族29世帯の人たちは、補償処理委員会のあっせん案に抗議し、水俣工場正門前で座り込み。スト中の第1組合員も直ちに座り込みに合流。工場廃水の流れる工場正門前に水俣病で殺された人たちの遺影と位牌をかざり、水俣病慰霊並びに抗議集会が行われた。

一児を水俣病で殺され、一児を胎児性水俣病にされた坂本フジエさんは患者家族を代表して祭壇に深く頭を下げ、「いま、みなさんはみなさんを殺した工場廃水の真上にいます。みなさんの恨みは私たちがきっととります。どうか安心してください」と生者に話すがごとく語り、市中デモ行進。このあと、患者家族は水俣工場内に一斉に突入。「患者家族を孤立させてはいけない」と組合員も続く。工場の本事務所前では労働者に守られながら企業責任を追及するシュプレヒコール。労働者もそれに和し、闘いの叫びは工場の奥底深くつきささっていった。

水俣病と闘い出した水俣工場第一組合の労働者は、10数年間もの長い間、だれ助ける者のいない孤独の中で想像を絶する苦しみと闘い抜いてきた患者家族の人たちに接して、人間的にぶちのめされ、今まで信じてきた甘っちょろい団結などいかに歯が立たないかを骨の髄まで知らされたのである。患者家族の人たちと接するには、自分もまた一個の人間にかえるしかなかったのだ。「闘いとは本来孤独な人間の孤独な闘い」であることをあらためて知らされたのである＞

社会に認知される労働運動

細谷に苦難な闘い強いた守山闘争。その端緒となった組合分裂の裏に意外な動きがあったのではないかと、岡本は見ている。それはチッソと旭化成の合併話である。

細谷は2002（平成14）年2月に静岡県の伊豆で、岡本、星野芳郎（技術評論家）、小野木祥之（元ゼネラル石油労働組合委員長）の4人でそれぞれの半生を語り合っている。

残されたテープによれば、岡本はこう振り返っている。

〈戦前のチッソ（日本窒素）は八幡製鉄に匹敵する企業。日本の化学工業で圧倒的なシェアを持っていた。そのチッソは戦後、石油化学で旭化成と二つに分かれる。旭化成には宮崎輝社長という優れた経営者がいて一流企業に持っていく。チッソはめちゃくちゃな経営者がやっていて下降していく。そして石油化学で乗り遅れる。

そこで、「住友とか三井と対抗しなきゃいけない」というチッソの吉岡喜一社長は「日本窒素をもう一度復活させよう」と旭化成の宮崎社長のところへ行く。

宮崎社長は条件をつけた。「いいけど、おまえのところは総評合化労連だって。おれのところは繊維で同盟だ。組合をなんとかしてくれたら合併に乗ってもいい」と。宮崎社長はそういったらしい。チッソの労務政策には、こうした大きな経営戦略が潜んでいたようだ。そんな中で、卓ちゃん（細谷）が会社と真っ向から対立する。それで会社はここ（守山労組）をつぶし、水俣の第1組合（水俣労組）もつぶす。すべて一連のことだと思う〉

細谷のあずかり知らぬところで進んだチッソ、旭化成の経営トップによる水面下の合併話は日の目を見なかった。しかし、後に細谷の職場であるチッソ守山工場（日窒アセテート守山工場）は旭化成に身売りされた。

細谷とともに闘った長尾は細谷によくいわれたという。

「労働者が自分の生活を豊かにすることは大事だが、社会は労働者だけではない。多くの市民がいる。市民全体がどうすればよくなっていくのか。もっと大きな目で社会を見て、考えよ。単なる労働運動ではなく、社会で認知される労働運動でないとだめだ」

火だるまになってチッソと闘った細谷の体験は、確かな洞察力と組織力で時代の先を読み、新たな大衆運動史を刻んでいくことになる。

運動が好きなんだよ

岡本達明（元チッソ水俣労組委員長）

チッソというのは変な会社なんですよ。普通なら労働運動するやつなんて、すぐ首ですよ。しかし、チッソは東大閥の会社で、東大卒は切らない。何をやっても首にはしない。いやになって辞めていくのを待っている。卓ちゃんだって本当なら首になっている。それができない。しない。面白い会社ですよ。

守山の組合が分裂する。卓ちゃんは最初から第一線で命がけの闘いをやっている。闘争が気になり、ときどき様子を見に行っていたが、組合の若きリーダーとしてバリバリやっていた。颯爽《さっそう》としていましたよ。2人で守山の小さな組合を合化労連に入れて、地労委へ持って行って闘おうと話をしていたが、よくやったと思う。

守山は子どもの闘い。みんな中卒で入って2、3年ぐらいの少年の工場労働者だよね。学生服でデモをやっていた。水俣の場合は大人の闘争だからね。卓ちゃんの場合はそれにかけるだけの価値があるかどうか。迷いがあったんだろうなあ。水俣の闘いを契機に労働運動の受け止め方が変わった。「一生かけてもいいや」と、続ける気になったんでしょう。

私は遅れてきた男なんですよ。日窒連合会の書記長だった卓ちゃんが助けてくれた。苦労して苦労して私を水俣労組の執行部に専従で入れてくれた。入社してから7年ぶりに水俣に自分の足場が出来たんですよ。卓ちゃんがいなければ水俣に帰れていなかった。

卓ちゃんは滋賀地評の事務局長になった。守山の第1組合は少数勢力です。そんな中で事務局長をやっていくのは、結構、大変なんですよ。敵も多いしね。あのとき、卓ちゃんがいったことを今でも覚えている。「達ちゃんは熊本で過不足なく評価してくれる。オレには過不足なく評価してくれる人はひとりもおらん」と。苦労しているんだなあと思った。

友だちとして60年ほどの付き合いだが、卓ちゃんの活動を振り返って思うのは、この人は運動が好きだよ。好きということは大事なことだ。合化労連の西野六郎さんもそういう人だったが、メシを食う暇があれば、どうやって運動をやろうか。そればかり考えている人だ。運動が好きなんですよ。

生協運動がそうでしょう。日常生活の中から考え出してくる。そして問題意識を協同化し、組織化していく。私は切羽詰まった局面しかやっていないが、毎日の生活の中から運動をつくり出すには大変な力量がいる。卓ちゃんの生協はそういう運動だったと理解している。まったくゼロから出発して、仲間を集めて、つくっていったわけですからね。

卓ちゃんのやった仕事は大きいですよ。

生協も環境も国境を超えている。間口が広く、奥深い。琵琶湖の環境運動もユニークだし、その中で多くの人材を育てた。みんな第一線で活躍している。武村正義さんも卓ちゃんがいなければ、滋賀県知事にならなかったのではないか。一時代を画した人です。

三池炭じん爆発事故による患者、家族を救済するCO（一酸化炭素）裁判。卓ちゃんに全部やってもらった。忸怩たるものがある。人を集め、組織（研究会）をつくり、調査・研究をする。裁判の行方を左右する九州工業大の荒木忍さんのいわゆる「荒木証言」は15回ぐらい続いた。CO裁判闘争は卓ちゃんがいたからこそできた。卓ちゃんの力ですよ。「滋賀地評の事務局長だからこそ三池をやらないかん」と。立派なもんだ。

地評事務局長は運動に取り組むうえでよかった。県下の人材、人脈をつかんじゃう。県政にかかわるきっかけとなった。滋賀県が大きく変貌する時期と活動が重なっていたことがついていた。自分の力量を発揮させる場所と時間がずれるとうまくいかない。それも実力ですね。

第４章

労働運動の道

守山闘争から５年、まさかの守山労組での不信任。
32歳の若さで滋賀地評事務局長になり、滋賀に根を
張りつつ三池のCO裁判闘争にもかかわっていく

（1）分裂から統一へ

滋賀か東京か

「守山の闘い」、「水俣の闘い」は一応の終結を見た。チッソの労働組合は守山労組も水俣労組も分裂を余儀なくされた。労働組合を取り巻く環境が厳しくなる中で、細谷にとって企業内組合で専従する財政的な余裕は少なくなっている。とはいっても非専従のまま職場に戻れば、会社による配転の危険性がつきまとう。水俣の岡本達明のように飛ばされることを覚悟しなければなるまい。

組合の分裂、ロックアウトなど数々の修羅場に遭遇しながら滋賀県の労働運動史に残る闘いを引っ張ってきた細谷である。すでに県労働界でも注目された存在になっていた。「水俣の闘い」を通して、その名は東京まで届いていた。

「これからどう生きていくか」。細谷に二つの道が見え始める。一つは総評の有力単産である合化労連（合成化学産業労働組合連合会）への転身である。東京に帰る話だ。いま一つは滋賀地評への道である。

合化労連には師と仰ぐ書記長の西野がいる。滋賀地評は要のポストである事務局長就任への打診である。

東京か滋賀か。どちらを選択するかだが、実は細谷には「滋賀地評を選ぶしか道はなかった」。そのとき「守山を離れられない」という現実が目の前にあったからだ。

チッソの策動で分裂を余儀なくされた第一組合の守山労組は、会社の「組合つぶし」にさらされ続け、組合員は108人まで落ち込んでいる。守山労組は細谷の労働運動の出発点である。この弱小組合で闘う仲間を見放すことはできない。だから「守山の闘い」にどこまでもかかわっていく。「守山の遺産を守る」。その決意こそが「ここで生きる」ことを選択させた。地評に行くことは「この地域の中で暮らすこと」だ。「その日から私は滋賀県人になった」

合化労連の西野は、古参の専従が幅を利かす事務局で「どんなポストにつけるにしても、若い細谷が苦労するのは目に見えている」と、東京に呼ぶことに逡巡していたようでもあった。

細谷は新たな道を歩み始める。守山闘争の開始からすでに5年の月日が経っていた。

不信任される

細谷が滋賀地評へ移る1965（昭和40）年の夏、不可解な出来事が守山労組で起きた。それは執行部の信任投票で書記長の細谷が不信任を突きつけられる。執行部で細谷ひとりだけが引きずり降ろされた。まさかの事態である。

「細谷はいずれ会社に戻って転勤していく。君らは利用されるだけだ」と、会社が職場の中でデマ宣伝をする。それに乗じて「共産党系の民青（民主青年同盟）が第一組合の守山労組に入ってきて、私の不信任を決議した」と細谷。一大騒動に発展した。「細谷を不信任にするなら我々は全員辞める」と、委員長の武富寛幸ら執行部全員が総辞職したことで、一転して、不信任決議は覆った。

この騒動はなぜ起きたのか。「守山の組合運動ではいつも対立があった。一つは同盟系の第二組合との対立であり、片や共産党系の民青との内なる対立です。特に民青の人数は多く、力を持っていた。不信任は民青が上からの指令で主導したのだろう」と元守山労組の長尾はみている。

第一組合である守山労組の中での路線対立があらわになる。第二組合による「外からの攻撃」にもさらされる。細谷の滋賀地評事務局長への転身が内定していたときと重なるだけに、守山労組の団結力を問われかねない内憂外患の事情をさらすことになった。

邪魔な存在

そのころ、全国的に原水爆禁止運動の進め方をめぐって社会党と共産党の対立が深まる。これが端緒となって、ほかの大衆運動でも亀裂が深刻化する。

細谷は「社会党員ではない」。守山労組執行部にも党派性はない。しかし、守山労組の運動方針は合化労連と水俣労組、滋賀地評に合わせている。その意味では社会党系である。そんな中、少数組合にあって若い組合員らの不満とエネルギーを吸収して勢力を拡大する共産党系の民青グループとの対立が深まる。その矢面に立たされていたのが書記長の細谷だった。

共産党員ではない細谷が、共産党と思想的に合わないのは当然である。だからといって共産党・民青グループが細谷ひとりを不信任にしたのは、それなりの理由がある。よくよく考えてみれば、細谷を執行部から外すことによって会社に戻す。そして会社の人事異動によって転勤させる。つまり勢力拡大を狙う共産党系にとって「邪魔な存在」と映る細谷を会社の手で守山から放り出す。そんな思惑が読み取れる。

細谷が地評に転身する直前の「不信任」である。「我が家に入り浸っていた人たちがパッと去っていった。高校卒で組合に残っていた人は民青に走る。ここまで一生懸命やって来たのに。『もういいんじゃない』と（細谷に）いいました」。妻真智は振り返って語る。「大変残念なことだった。本人も家族もつらかったと思う。」と長尾。

細谷なき守山労組では「組合離れ」が進む。それまで「『労働運動って結構楽しいな』とつき合っていた人が、『組合は面白くない』と言ってやめていった」（長尾）

地評事務局長に

1965年10月、総評滋賀地評の定期大会で、細谷は事務局長に選任され、就任した。ときに31歳。全国では最も若い地評事務局長である。

滋賀地評は正式には総評（日本労働組合総評議会）の滋賀県組織となる滋賀地方評議会。当時、滋賀地方同盟と並んで県内の労働運動の中核団体である。ここが細谷の新たな活動の拠点である。

労働組合運動はもちろん生活協同組合や琵琶湖、環境、福祉、さらに政治・選挙など活動領域をどんどん広げ、さまざまな大衆運動に乗り出していき、滋賀県政にかかわるきっかけともなった。

細谷は地評の事務局長になる前、2年ほど幹事（執行委員）に就いていて知り合いもいたが、深い関係は持っていなかった。それだけに「事務局長の交代劇はかなり政略的で、労働組合の権力闘争に巻き込まれていた」と、細谷は振り返る。

当時、滋賀県の政治状況は、衆院滋賀全県区（定数5）は自民党3、社会党2という勢力図。社会党の議席は矢尾喜三郎と西村関一が持つ。社会党の支持母体である滋賀地評は、この2人を支える労働組合に真っ二つに割れている。そんな中、次の衆院選に向けて総評の主力単産である国鉄労働組合が長浜を地盤とする後藤俊男を第三の候補として担ぎ出そうと動いていた。

「後藤擁立」となれば、滋賀地評としては傘下の労働組合のかなりの部分を新人の後藤につけないと勝てそうにない。もともと地評内では「定数5の選挙区で3人当選は無理」として、「現職2人で安定的にやろう」とする勢力がある。そこへ「もう1人新人を送り出せ」という勢力の出現でせめぎ合いが始まる。そんなときに事務局長ポストが空いた。

3人擁立で走る

地評の幹部には現職の矢尾、西村との人脈がすでにでき上っている。あらたに後藤への切り替えは難しい。地評事務局長は選挙の際、それぞれの候補を支持する組織を割り当てる重要で難しい役割を担う。そこで「地評執行部を刷新し、新たな事務局長のもとで選挙をやればいいのではないか」。国労とそれにつながる労働組合のそんな思惑もあって「何も知らない、2人の代議士とは縁もゆかりもない白紙の私に事務局長をやらせようとした」

もちろん地評内には、「西村さんも、矢尾さんも労働者出身ではない。このあたりで労働者出身の国会議員を送り出したい」とか、「世代交代で若い血を社会党の中に入れよう」。さらには「5人の選挙区で、社会党は3人当選に挑戦しなければ、政権をとることはない」といった意見もあった。だが、こうした表向きの議論とは別に3氏の支持組合は、いかにして数多くの組合を自陣営に引き込むか。実態はその綱引きである。

学生時代から社会主義への関心を持ち続けていた細谷だが、社会党員ではない。しかし、地評の事務局長は社会党の労働組合担当のようなポジションである。そこで新しい事務局長としては「張り切って労働者出身を地評の重点候補にする」という方針で突っ走った。

選挙の裏で

1967（昭和42）年1月の衆院選滋賀全県区（定数5）は、自民、社会、民社、共産各党などから9人が立候補する乱立気味の激戦区。社会党は9選を目指す矢尾、4選を期す西村、それに新人の後藤を立てた。

その結果、自民党は現有3議席、社会党は現有2議席をそれぞれ維持したものの、社会党は「後藤当選」と引き換えに現職西村を落とした。

社会党が定数5のうち3議席をとれるとは誰も考えていない。「どうしたら自分が国会議員に近い位置に座れるか」。それが組合の最大の関心事だった。「3議席を本気で考えていたのは私と社会党県本部の法岡多聞さんぐらいではなかったか」（細谷）

その年の6月、参院選滋賀地方区（定数1）の補欠選挙があった。社会党からは衆院選で落選とした西村を立てて当選させ、雪辱を期した。県での参議院の社会党議席獲得は初めてだった。

地評事務局長の選任の裏には選挙だけではない複雑な事情もあったようだ。

当初、1965（昭和40）年9月27日から彦根市で開かれた「滋賀地評定期大会」で、新事務局長が選出される予定だった。ところが、大会は副議長を2人制から3人制にする規約改正案をめぐって大もめとなる。役員改選は10月の次回大会に持ち越しとなった。そこには官公労と民間労組との路線をめぐるせめぎ合いが潜んでいた。

細谷を新事務局長に推薦したのは江若鉄道労組委員長の中井定栄といわれる。当時、江若労組は国鉄湖西線の開通に伴う江若鉄道の廃線で、従業員の国鉄「移籍」問題を抱えていた。それが「国鉄出身である後藤の衆院選出馬や事務局長選任とも複雑に絡んでいた」との見方もある。しかし、細谷は「江若従業員の国鉄移籍という裏取引があったことは、まったく知らなかった」という。

中小の春闘

滋賀地評の事務局長就任そのものが労働組合の権力闘争だった。そんな中で、事務局長を受けた細谷は「守山の闘い」を生かして、「戦闘的な労働組合を県内でたくさんつくる」と、熱く燃えていた。

そのころは高度経済成長の真っただ中である。滋賀県内でも経済成長の波に乗る大企業と、乗り切れない中小企業との間で賃金など労働条件の格差が拡大する。この是正が地域における労働問題の中心課題であった。

細谷は地評事務局長として県内中小企業の賃上げ闘争に全力を挙げる。公害や首切り反対闘争を重視しながら集中的に中小労組とのかかわりを深めていく。

当時、総評は中小企業オルグ制度を採用していた。「太田総評」は本部(東京)から各県評に3人から5人の中小企業向けオルグを派遣する仕組みをつくっていた。炭労の三池闘争で首切りにあった活動家を救済する一つの手段でもあったが、細谷は「この制度をフルに活用することで、中小労組のオルグを徹底してやった」

そのころ、彦根のバルブ工場や湖東のコンクリート工場、さらに県内に点在する機械工場などは、いずれも従業員40人から50人、多くても300人足らずの中小企業。どこも低賃金、長時間労働の典型のようなものだった。高度成長期にあって中小企業で働く労働者の賃金引上げへの渇望は大きい。しかし、中小企業の経営者はどこも保守的で、大幅な賃上げがもたらすコスト高を極力警戒する。

そんな中で、細谷は「オルグではストライキを組織し、その圧力をバックに賃上げを実現する」という基本的な方針をとった。守山工場でのストライキの経験、失敗の体験を生かせるのが細谷の強みである。交渉力の弱い中小労組に対して「闘って勝ち取る戦術」は、当時、労働力不足の傾向があらわれだした時期と重なり、春闘ごとに顕著な成果をあげることになる。

「賃上げ会社損論」

細谷が守山時代に打ち出した論法はこうだった。

「団体交渉を会社とやっていて『賃上げせよ』、『一時金を出せ』という最後のせめぎ合いになると、会社側はきまって『これ以上出せない』となる。そのとき、労働組合は『会社がもう一歩ゆずって金を出せば、労働者は喜んで働くようになる。だから出せ』と迫る。すると会社は『そこまで会社思いだったら、ここは我慢してくれ』、『来年の賃上げとか一時金のときに必ずお返しするから』と」。そうなると組合は黙ってしまう。それ以上交渉は進まない。そういうことがよくある。

そこで、細谷は「最後の詰め」の闘い方を組合執行部で必ず意思統一させた。

例えば、労使交渉の戦術として「1000円賃上げすれば、会社は500万円損をするそれは分かっている。しかし、その500万円が惜しいのか、会社は組合要求を拒否した場合、組合は一週間ストを打つ。ストをすれば会社は1000万円損をする。会社はどっちの損を取るのか。経営者だったら小さい方の損を取るのが当たりまではないか」と説く。

組合員にも迫る。「あんたら1日や2日のストではカネはでない。1週間のストを決心したらでる。どうなんだ」。職場討議にかけ、投票し、そしてスト権を確立する。こういった交渉をやるのだ。

労働組合をなめている経営者は「1週間もやれるはずはない。うちの組合は」。ところが、実際にストに入ると、1日目はカッとなり、ショックを受けながらも、なんとか踏みとどまる。だが、2日目ぐらいになると腰が浮いてくる。「1週間はウソではない」と。3日目ぐらいになると、「もう終わりにしよう」、「交渉を再開しようや」となる。

だいたいストに入ると、こういうパターンになる。こちらは、カサにかかって攻める。「分かった。最終1000円積みでOKです。だけど、ストで損をした3日分は解決金として別枠でよこせ」と組合は強気に出る。経営者は「これがあいつら組合のやり方だ」となり、次の春闘からはストライキをしなくても賃上げは出てくる。「ここがストライキと賃上げの分岐点となる」

この論理が説得力を持つには「1週間か10日間、ストライキを打ち抜く力を労働組合が持つかどうかにかかっている。賃上げの要求案を職場で討議するとき、必ず何日ストライキを打つ決意があるかを確かめる。組合員にストライキをやる気がなければ、無理をせず妥結する。会社が組合員の闘争心を軽視したり、無視したりしたときは、『スト突入→会社動揺→賃上げ妥結→スト終了』という筋書きで進む。間違ったことはなかった」

その一方で「誤解」も生まれた。大幅賃上げの実現で労働組合への信頼は高まったが、労働組合は政治的には保守化していく。賃金が低い時は地元地域でのつき合いに消極的だった労働者だが、大幅賃上げを何年か繰り返して裕福になると、地域のつき合いにも積極的になる。区長など区の役員にもなる。そして町会議員選挙などを通して、自民党の集票体制に組み込まれていく。

この構図は経済的にもあてはまる。「賃上げ→物価上昇」のイタチゴッコが始まる。賃上げをすれば購買力が増え、需要が増し、物価が上がっていくのは、経済学の初歩だ。にもかかわらず、その当時、労働組合はその準備、対策をせずに賃上げ一本で突っ走っていた。

ポスト争い

当時、日本の労働運動は分裂状態にあった。

滋賀県でも総評と同盟は犬猿の仲で、双方を両極に厳しく対立していた。総評、同盟加盟のそれぞれ組合幹部は「話し合うことすらはばかられる状態にあった」。組合相互の交流さえもやりずらい、極めて不自然な分裂状況の中で、「どのようなやり方が組合員の利益につながるのか。互いに違いや対立点を棚上げして、積極的に共通点を取り上げていこう」という機運が生まれる。滋賀県で統一行動への模索が始まった。

総評と同盟の対立の背景には、労働福祉団体のポストをめぐる争いがある。中でも滋賀県地方労働委員会の「委員争い」が労働団体の信頼関係を損ねる原因であり、相互不信の根っこにあった。

地労委の労働側委員は5人で、任期は2年。滋賀地評と滋賀同盟は改選期にいつも委員5人の取り合いを始める。任期切れごとに「地評3対同盟2」あるいは「地評2対同盟3」と入れ替えていれば何ももめないのに、ときに地評が「3人維持」で動き、大もめとなる。

そこで細谷は地評事務局長に就任してからは「自ら地労委の委員に就かず」、さらに地評と同盟の委員数を任期切れごとに、「3人枠」と「2人枠」にそれぞれ交代するルールを定めることで、長年の無用のいがみ合いに終止符を打った。

地評も同盟も働く者の待遇改善を運動目標に置く。そこに大きな違いはない。地評と同盟の関係は地労委人事がもとでぎくしゃくしていただけである。新たな地労委の選任ルール化によって、両者のあつれきはいっきに解消に向かう。人事で角突き合わせるのではなく、互いに譲り合い、納得する形で選任する。たったそれだけのことだが、細谷の登場まで動かなかった。相互不信をつのらせていた。

細谷の真摯な調整力は労働団体の内部に「一緒にやっていこう」という変化の兆しを生み、新たな共闘体制の樹立へ向かわせた。労働福祉活動である。

労福協から「ろうよん」へ

1967（昭和42）年に滋賀県労働者福祉対策協議会（労福協）が設立された。労働団体の幹部が率直に議論する機関である。そして翌1968年には県労働会館を建設した。労働者が集会や会議、宿泊、さらには結婚式などに利用する施設だ。1969年には労働者に安価で良質な住宅を供給する滋賀県勤労者住宅生活協同組合も結成した。

こうした新しい福祉活動が次々に加わったことで、沈滞気味だった県労働金庫や県勤労者共済生活協同組合にも活気が出始める。なによりも労働団体幹部の中に統一行動に向けた新しい認識、新たな行動を芽生えさせた。

その意義は大きい。1972（昭和47）年、長年の悲願であった「統一メーデー」が実現した。「分裂の潮流」にある労働運動をなんとか統一の方向に持っていく目的で、1965（昭和40）

年に電機労連を主体に発足した滋賀中立労協が提案したものだった。

この大衆的な統一行動は1日限りで、地域的にも大津地区など一部に限られていた。しかし、参加した労働者は「集結した人の数の多さを目の前にして、自分たちの『力の大きさ』をあらためて実感した」

それは統一の潮流こそが正しい道である。将来の力あるものを約束する道であることを知る貴重な機会となった。

「ポスト争い」を運動の対立にことよせていた滋賀県の労働団体は、労働福祉事業を手掛けることによって、「対立」を後退させ、「統一」の潮流をつくり出した。ここに全国に名をはせた滋賀県の労働四団体、いわゆる「ろうよん」共闘の萌芽を見ることができよう。

その道筋を切り開いたのが細谷である。「統一」の芽をつぶさず、発展させていく。労働団体の信頼関係をさらに深めて、「ろうよん」の活動を新たなステージに押し上げる。

中央で対立する労働団体だが、滋賀では「協力・連携」の道を歩む。その歴史的な意義は滋賀県知事選などの政治闘争で滋賀方式として顕在化していく。１９８０年代後半の全国的な労戦統一の走りとなる。

（2）CO裁判闘争

労働災害と職業病

労働組合の仕事の本質は、労働災害と職業病を防止することにある。この仕事さえきちんとやっていれば、工場を原因とする公害に対して住民と共闘ができる。そう読む細谷は「水俣の闘い」を通して決意した「公害と労働災害の根絶」に取り組む。

1971（昭和46）年1月18日付の滋賀日日新聞に「労働者の健康を守る―地評　労災・職業病闘争」という大見出しの記事が載った。地評が独自に取り組む労災・職業病対策を紹介するものだ。

「これまでの労働運動が賃上げ、一時金闘争に重点を置きすぎた点を反省し、3年前から公害、労災、職業病など労働者の命と健康を守る運動を大きな柱として進めている」とある。

具体的には、滋賀地評内に細谷事務局長をトップとする「労災・職業病対策委員会」を設置。

二硫化炭素など有機溶剤を使用する事業所を対象に健康調査を実施し、健康手帳の交付や職業病相談所の開設、労災補償を上積みする労働協約の締結などの運動を強化した。地評レベルで労災・職業病の予防と立証の難しい職業病対策の本格的な取り組みは初めてで、全国的にも注目を集めた。

「労働の現場を労働者の眼で技術的に詳しく分析しておかないと、いくら労働組合が団結を強め、力を高めても、労働災害や職業病を予防することはできない。労働災害や職業病に敏感に対応する労働組合でないと、工場外の地域住民に災害を及ぼすことを防ぐことはできない」

（細谷「ＣＯ裁判闘争との十年」）

三池炭じん爆発

滋賀地評の事務局長時代。細谷は大きな裁判闘争に深くかかわった。三池炭じん爆発事故で一酸化炭素（ＣＯ）中毒症にかかった坑内作業員とその家族の裁判闘争支援である。

この支援活動は総評の主力単産である日本炭鉱労働組合（炭労）の方針と相入れず、細谷が地評事務局長のポストを降りることにつながる。そのきっかけとなった重大事故である。

三池炭じん爆発事故は１９６３（昭和38）年11月９日、福岡県大牟田市の三井三池三川鉱で起きた。坑内にいた約１４００人のうち４５８人が死亡し、８３９人がＣＯ中毒症となった。戦後の炭鉱史上最悪の炭鉱大災害である。

細谷の共著論文「公害根絶と労働者」は事故後の経緯をこう話す。

＜三川鉱の大災害を生み出した三井鉱山資本の犯罪に対する刑事責任の追及が、1966年8月、「証拠不十分」との理由で闇に葬られたとき、殺され不具にされた人々の呪いはいうに及ばず、3年間にわたって労災保険の死亡補償で細々と食いつないできた遺家族と、CO中毒により回復するあてもない肉親を抱えて生死の境に立たされてきた労働者家族の、三井への呪いは宙に浮いた。しかも、それにおおいかぶさるようにして、10月25日、CO中毒の大部分である738人の療養給付を10月末で打ち切ると寝耳に水の宣告が下った。

CO家族会の主婦たちは、3年間の血のにじむような労苦がこのような残酷な仕打ちで切って捨てられようとした時、あるいは東京へ、あるいは現地で、ただちに抗議行動に移った。彼女達は最後の手段として、肉親の生命と健康を奪い去った坑内に深く入り、座り込みを敢行した。彼女たちの労苦に押しひしがれた魂が、この三川鉱の奥底深く、三川鉱と共にこの地上から埋め去って欲しいという人間の地底からのウメキ声を発しているのを何人の人が聞いたであろうか＞

執念の訴訟へ

未曽有の大惨事である。この原因と責任はいったいどこにあるのか。遺族、被害者の救済をどうするのか。

三池炭鉱労働組合では、長年にわたって「裁判を起こすべきだ」という訴訟派と、「闘いで勝ち取るべきだ」という交渉派で割れていた。

そんな中、1972(昭和47)年11月、CO中毒被害者2人とその家族の計4人が、三井鉱山(本社・東京)を相手取り、不法行為に基づく総額1億円の損害賠償(慰謝料)請求訴訟を福岡地裁に起こした。事故発生以来10年目の告発である。

訴えたのは、福岡県に住む松尾修と蕙虹夫妻、村上正光とトシ夫妻だ。松尾さん、村上さんは40～50代。ともにCOガスに長時間さらされ、頭痛、耳鳴り、不安感、性格の変化などCO中毒症状に苦しむ。労災補償の枠の中に含まれない妻も長く続く苦痛、家庭破壊、生活設計の破綻などの被害を訴え、被害者の2人に各3000万円、家族2人に各2000万円の慰謝料を求めたのだ。

爆発から4年にもなろうとするとき、松尾蕙虹さん、村上トシさんは「水俣病患者たちの民事裁判を傍聴し、患者や家族がチッソと直接やり合っている姿を見て、自分たちも三井鉱山を相手に民事訴訟を起こしたい。裁判所を舞台に会社と直接交渉したい」と、三池労組に裁判闘争を訴えていた。しかし、三池炭鉱労組は「裁判闘争はブルジュア機構の中の闘いだ。階級闘争ではない」として相手にしてくれない。孤立無援にあった。

そこで松尾さんたちは水俣病裁判を支援する中で面識のある水俣労組委員長の岡本達明を訪ねて相談する。

岡本はこたえた。「(裁判を)やるなら全力を傾けてやらなきゃならんが、今、自分は水俣病で手いっぱい。滋賀県の守山に細谷という男がいる。労働災害、職業病に詳しい。そこへ行って相談に乗ってもらうように」

松尾さんたちが助けを求めて守山にやってきたのは1967(昭和42)年のことだった。

「このままじゃ死ねない」

〈「このままじゃ死にきれない。結果的に負けてもいいから提訴できる可能性があれば裁判をやりたい」というのが松尾蕙虹さんらの意向だった。松尾さんたちが水俣病裁判で見たのは、水俣病患者、家族が、自分たちが受けた被害のすべて、それによる苦しみ、悩みをさらけ出して加害者に迫る姿だった。「私たちも三井鉱山を法廷に引きずり出して、被害者の心を思い知らせたいのです。そのなかで、三井鉱山の保安サボと責任回避、補償義

務からの逃亡などの犯罪的仕打ちを大衆の目の前にさらしたいんです」と松尾蕙虹さん＞

当時「朝日ジャーナル」（1973年6月8日号）は松尾さんらの思いをこう報道している。

三池炭じん爆発事故が起きた1963年。細谷は「炭鉱災害、被害者の訴訟など荒木メモの社会的背景」（森弘太『鬼哭啾啾』）で書いている。

＜あの激しかった三井三池の労働争議を色濃く引きずっていたときである。三池労組は、炭じん災害の責任者として三井鉱山の幹部を殺人罪として告発していた。しかし、鉱山保安法違反であれ、業務上過失致死傷であれ、刑事事件として立件すると、三井労組と検察庁が手を組んで三井鉱山を攻めるという構図になってしまう。このような形で労使関係の根底を揺るがすことは、なんとしても避けよう、ということが、経営者、検察庁、政府調査団の三者に共通した暗黙の諒解ではなかったろうか。いいかえれば、科学的な真実と政治的価値判断とが、真正面からぶつかり合ったのが、この事件の本質であった＞

総評方針と衝突

こうした背景を踏まえて、裁判闘争にどう取り組むか。細谷には乗り越えなければならない問題があった。それは三池労組が松尾さんらの民事訴訟に反対の立場をとっていたことだ。

三池労組は総評・炭労傘下の優等生組合である。その単産・単組は当時、CO中毒が労働災害であることからCO特別法（一酸化炭素中毒に関する特別措置法）の成立による救済にかけていた。裁判闘争は、この総評の方針と相反することになる。総評傘下の滋賀地評事務局長としては難しい判断を迫られる。

しかし、現実にCO中毒被害者のほとんどは治療を打ち切られ、後遺症と生活苦の二重の苦しみに置かれている。総評、炭労は炭じん爆発被害に関する闘争方針で、明らかに大きな間違いを犯している。炭じん爆発を引き起こした三井鉱山の責任追及をするのではなく、政府に対して保障を求める「政治闘争」を組み立てていたからだ。

労働災害に関する幾ばくかの法改正はあったが、被災者の要求にはほど遠い。結果的には直接の加害者である三井鉱山を免責するだけの騒ぎにすぎない。三井鉱山の責任を民事裁判によって直接追及しようとした患者とその家族に対して、三池労組は方針違反をたてに制裁処分まで行っていた。

松尾蕙虹さんらの訴訟提起は、三池労組の闘争方針と真正面から衝突する。そこで細谷は炭労本部に出向き訴訟に踏み切る説明をしたが、「炭労の説得を聞かないどころか、逆に炭労に『モノ申す』ものだから驚く始末。『これじゃ総評でご飯を食べるわけにはいかん。滋賀地評の事務局長を辞める』。その時、そう決断した」

地評事務局長を退く

「地評の事務局長だからこそ『三池』をやらないかん。それが分からなくて労働運動をやっている資格はない」。

細谷はCO裁判の支援を決断した。他人に言われたわけではない。「総評の優等生に弓引いて裁判闘争をやるわけだから、事務局長を捨てる」

「CO裁判闘争との十年」で、細谷はこう記す

＜生命を奪われた人、精神・神経を破壊され、今もってその後遺症に苦しむ人、家庭内の人間関係がズタズタに切り裂かれた多数の家族。戦後最大のこの労働災害は、原因不明とされたまま、三井鉱山はいかなる意味の制裁もされずに、今日までに至っている。この裁判は罪を逃れてきた三井鉱山の責任を労働者とその家族によって問うものである＞

1973（昭和48）年、細谷は滋賀地評の事務局長を退き、松尾さんら患者家族支援に本格的に取り組む。「研究会をつくろう」という水俣労組の岡本とともに、人を集め、組織をつくり、調査・研究を始める。炭じん爆発事故の全容解明に乗り出した。

CO研究会

「三池CO研究会」が1973年12月に発足した。この研究会は炭じん爆発事故訴訟を支える中核組織となり、大がかりな調査・研究を長期間にわたって取り組むことになる。会長には星野芳郎に依頼し、細谷は事務局長として研究会の運営全般を担う。

CO研究会のメンバーは12人。三池炭鉱労働組合が民事訴訟に反対だったので、組合幹部や組合員、その周辺の専門家らの協力は得られなかったが、九州工業大教授の荒木忍、熊本大医学部助教授の原田正純ら研究者、水俣労組の岡本ら労働運動家、映画監督、ジャーナリストなど多彩な人材を集めた。ほかにも不定期で参加する人もいた。

メンバーは、すべて自己負担で調査活動行う。レポートの提出を義務づけ、月1回、福岡県大牟田市にある原告松尾さん宅などに1泊2日の日程で集まり、互いに調査・研究の状況など報告し、議論を深めていく。その一方で、CO裁判弁護団（団長・美奈川成章弁護士ら7人）を結成し、被災者救済へ踏み出していく。

20年裁判

炭鉱災害に素人で組織した研究会は、新聞記事の切り抜きを集め、専門書を読み、法律家の意見を聞き、弁護士の協力を得ながら、提訴した。これほどの大災害の原因を明らかにすることは、同種の事故の再発防止のためにも、不可欠のことであるという趣旨からであった。長期にわたる調査研究は、被災患者家族の聞き取りも含め膨大な資料を収集、整理し、「20年裁判」を支え続けた。その成果の集大成は原田正純著「炭じん爆発—三池三川鉱の一酸化炭素中毒」にまとめられている。

細谷は第一章「炭じん爆発」を担当した。この中で炭じん爆発の歴史、世界各地で起きた爆発事例をたんねんに調べた。中国・北京郊外の門頭溝炭坑にも足を運んだ。そのうえで三池の炭じん爆発について詳細に報告。「事故原因は炭じん爆発であり、その引き金になったのは炭車の逸走であった」とし、爆発の原因と企業の責任を解き明かした。

そのころ、細谷は滋賀地評の事務局長から副議長に代わったころで、ほとんど毎日調査にかかりきりであった。

妻の請求認められず

裁判闘争に反対していた三池労組は、松尾訴訟から半年後の１９７３年５月、総額約87億円の損害賠償を求める訴訟に踏み切った。

原告は遺族１６３人、被害者２５９人の計４２２人にのぼるマンモス訴訟である。松尾訴訟は、この三池労組が全面的にバックアップするマンモス訴訟とは違っていて「後遺症に苦しむ被災者家族の補償」も求めていた。この単独訴訟には、さらに2家族の4人が加わり、計4家族8人による計2億円の損害賠償請求訴訟となった。

長い裁判だった。二つの三池訴訟判決は、1993（平成5）年3月、福岡地裁であった。「坑道の管理に落ち度があった」と三井鉱山の過失責任を認め、原告側勝訴の判決を言い渡した。だが、松尾さんら4家族については被災者本人4人に総額920万円（1人当たり280万円から88万円）の賠償を命じたものの、妻の慰謝料請求は棄却した。最大のポイントだった「妻の損害」は認められなかった。

真実が明らかになるには時間がかかりすぎる。賠償額も低すぎる。それでもマンモス訴訟の方は、「企業責任を認めた」として福岡地裁判決を受け入れた。しかし、松尾さんら4家族は「妻の慰謝料を認めないのは不当」として控訴した。全面的な解決はさらに遠のく。

4家族訴訟は1996（平成8）年4月、福岡高裁で控訴棄却。上告した最高裁も1998（平成10）年1月に棄却して、裁判は終わった。「細谷のCO闘争」も終わった。提訴以来26年が経っていた。

「勝った」、「負けた」より…

ＣＯ裁判闘争を通して炭労の方針を転換させた。だが、裁判は長引き、補償額は低く、家族の苦しみは続く。家庭は崩壊する。それに対し何の補償もない。今日の原発事故もそうだ。時間ばかりズルズルたって、一番苦しんでいる人たちが救済されない。

岡本は当時を振り返って語る。

「ＣＯ裁判は、最終的に最高裁まで行ったが、一審がすべてですよ。裁判に勝ったかといえば、勝ったとはいえない。しかし、あの人たちが自分たちで声を出して闘って、それが世の中に衝撃を与えた。この事実がいちばん重い。『勝った』、『負けた』よりも、裁判の中で炭じん爆発、そしてその患者、家族の実態を明らかにした。大爆発の原因も明らかにした。ここが一番重要なところです」

あの時代、三池炭じん爆発によるＣＯ中毒は水俣病と並ぶ大きな事件だった。日本の高度経済成長の過程で起こるべくして起きた事件である。一つは公害病であり、一つは労働災害である。そこには共通点がある。水俣では、電気化学から石油化学の転換期に化学資本と合化労連の代理戦争というべき安賃闘争があった。三池ではエネルギー転換期に炭鉱資本と炭労の代理戦争というべき三池争議が起きた。いずれもそこには人権を無視した背景がある。

「労働運動は、労働者の生命と健康を守るところから出発しなければならない」。細谷が職を賭して闘ったCO裁判は、そのことを教えている。

第 5 章

武村県政へ転換

1974年11月17日

保革一騎打ちの滋賀県知事選

野党四党、労働四団体の推す武村正義は激戦のうえ、現職に勝利する。

古巣は旭化成に

細谷は1973(昭和48)年11月、滋賀地評事務局長のポストを自ら降り、副議長(非専従)に退いた。「ポストと収入があっても自分の生きる原点と仕事が合わなければ辞めるしかない。『男はつらいよ』ですよ」

元の職場である「チッソ守山工場」に復帰した細谷だが、その守山工場は「地評事務局長になって1年目ぐらいに、チッソは旭化成に売っちゃっていた。『繊維の経営はチッソの力及ぶところにあらず』と」。その分割払いが終わり、丸ごと旭化成のモノになったとき、細谷は守山に戻った。だから職場は旭化成守山工場に変わっていた。

守山の職場は8年ぶりである。守山労組委員長としての復帰でもあるが、やらなければならない大仕事が待っている。「利権の構造が巣くう滋賀県政の大転換」である。しかし、その前に組合で大事な宿題が残っていた。第一組合員との差別解消である。地評事務局長を退いたもう一つの大きな理由でもある。

PPM組合

細谷が委員長として戻った守山労組は、組合員わずか20人ほどの小さな組合になっていた。

旭化成の従業員は2万人。自ら「PPM組合」と呼んでいた。

小さな「PPM組合」は何のために存在するのか。どこに闘いの目標を置いて第一組合の存在意義を示すのか。重要な課題であった。

細谷は高度成長のひずみが顕在化する中、第一組合のありようをきちんと整理して運動を提示した。「水俣の闘い」を原点に労働災害や職業病、公害に特化した運動である。そこに第一組合の生きる道を見出す。

その代表例が、発がん性の疑いがある有機化合物「ジメチルアセトアミド」溶剤と肝炎との因果関係を解明する闘いである。

元守山労組書記長の辻吉弘によると、1983(昭和58)年2月から守山労組2人と第二組合5人の計7人の組合員が入院する関西医大と滋賀医大の協力を得て取り組んだ。会社もコトの重大性を自覚した。中央労働災害防止協会(中災防)に調査を依頼する一方、工場では本社の保安環境部長を中心に職場の環境改善に向けて本格的な取り組みを始める。およそ2億円を投資して、暑熱対策やガス対策に乗り出した。

「この闘いを通して少数組合でも職場に根を張った闘い進め、地域社会にも運動を広げていくことがいかに重要であるか、身をもって学ぶ機会となった」と辻は語る。

小さな組合にとって残っていた積年の問題は第二組合との差別撤回である。細谷は職場の実態を踏まえて交渉。1974(昭和49)年7月、「組合員の処遇を他の従業員の同勤続、同年齢に補正する」とした旭化成の回答を引き出し、協定書に調印した。

組合分裂から14年。ここに差別を一掃した。そして1996(平成8)年1月、守山労組は第二組合に吸収されるかたちで組織統一し、結成以来39年の闘い歴史に幕を閉じた。

仕事なし

旭化成守山工場に復帰した細谷には「特別の部屋」があてがわれた。1988(昭和63)年9月に、55歳で退職するまでそこにいた。その間、旭化成が細谷に指示した仕事はただ一つ。「保育所をつくりたい。いろいろ条件もあろう。君は行政をよく知っている。顔も聞くだろう。調べてレポートを出してもらいたい」

報告書は出したが、ほかに仕事は何もない。毎日、CO裁判の資料づくりや滋賀県知事選などで動き回っていた。「旭化成は細谷の扱い、処遇にホトホト困っていたのではないか。働くのは『いかん』とはいえないが、みんなと一緒にというわけにもいかない。あまり扇動されても困るからかね。細谷さんはたいがい自分の部屋にはいなくて外へ出ていっていた」(辻)

そのころ、細谷を訪ねた日本モンゴル文化経済交流協会の会長佐藤紀子は「だだっ広い部屋にポンと机が一つ置かれていた。細谷さんはそこに何年も通い続けた。並大抵のことではない。

負けない人だと思った」と、振り返って話す。

地評副議長に転じていた細谷は、労福協の会長など務めたが、何よりも記憶に残る大仕事は県政を保守から革新に転換した1974（昭和49）年11月の滋賀県知事選である。

「すべての野党と労働団体が手を組んで勝利した。そこでは面白いことに同盟と総評が共闘した。職場（守山工場）でも仲良くなっちゃった。そういう奇妙なこともあって、割にのうのうとやっていた」という細谷。

実は県知事選の2年前、滋賀県政史上のエポックとなる重要な選挙があった。県都・大津の市長選である。この選挙での「革新勝利」が武村県政の道を切り開いていく。

大津に革新市政

1970年代。高度経済成長路線のひずみがあらわになる中、「反公害」、「福祉の充実」を求める市民運動が列島各地で高まる。「地方から中央を包囲する」革新自治体が続々誕生する。滋賀県でも「分裂から統一」へ労働運動の革新を目指す労働団体が「政治の革新」へ動き出す。のちに滋賀方式と呼ばれる労働四団体共闘が全国注視の的になった時期である。

1972（昭和47）年9月、大津市長選が行われた。

初の「統一メーデー」を実現させた労働組合は、「革新統一」の闘いに向けて全力投球する。「総評と社会党は表裏一体の関係である」。市長選の候補者選びで、細谷は社会党県本部の法岡多聞と調整を進め、同党の県会議員である山田耕三郎(55)に白羽の矢を立てた。「山田擁立」は、大津市議(2期)、滋賀県議(4期)を務めたキャリアと抜群の知名度にあった。

当時、自治体の首長選挙の構図は、「社会・共産・総評」ブロック対「自民・民社・同盟」ブロックというのがよく見られるパターンだ。この図式を突き破るには難しい問題があった。なかでも山田は「社会党の人」だけに、民社・同盟ブロックが推してくれるかどうか。果して同盟を相手陣営に行かさず、社会・地評側に引きつけておけるか。そこがポイントだった。

そうはいっても地評の細谷が同盟と直接話をするわけにはいかない。「経営者と口を利くよりも、同盟の幹部と口を利く方が難しい」。地評と同盟はそんな「険しい仲」にあった。

そこで細谷は中立労協をバッファーに調整を進める。滋賀中立労協事務局長の小竹富雄が中心になって動いたおかげで、労働四団体の中での「山田推薦」は総評だけだったが、同盟の主力労組である東レの門前ビラ配りは、中立労協の組合員が引き受けた。

新産別は県内でまだ独自組織を確立していない中で、変則的ながらも労働団体が初めて力を合わせて勝負に打って出ることができた。

その大津市長選。革新系無所属の山田が保守系無所属で前市助役の井上良平(56)を激戦のすえ破り、初当選した。「山田45,096票、井上42,130票」。小差の勝利だったが、滋賀県内で初めての革新市政樹立である。

山田を推薦した社会、共産両党、地評、同盟系労組などがこれまでのいきさつを乗り越えて革新統一戦線を広げ、県内初の社共共闘の首長を誕生させたのである。保革が激突したかつてない大津市長選だった。

「民社党の大津市会議員団は相手候補を支援していたが、同盟がこっちにつけば必ず勝てる」。そう細谷は読んでいた。「おかげで票読み通りの結果が出た。これで滋賀県の政治は変わる」

保守王国・滋賀の一角、それも大津市政の革新である。「政府直結の保守行政路線を貫く滋賀県政にくさびを打ち込む選挙」となった。滋賀県政を変える。その舞台となる滋賀県知事選が2年後に迫る。

労四共闘

「1973年から1974年にかけて滋賀県は『反動の時代』であった」。細谷は1976年ごろ手稿した「労働四団体共闘の総括」で、こう振り返っている。

〈滋賀県の利権体制が極限まで進められた時代。知事を交代させ、この利権体制を打ち破ろうという県民の声が強まる中で、知事選を革新もしっかり闘う動きが強くなってきた。

しかし、相手の力はあまりにも強大であり、「闘っても負けるのではないか」という悲観

的な見方がまだまだ根強くあった〉

このような情勢の中で、「なんとしても勝つ」、「闘って勝つ」方針を打ち出した滋賀の労働四団体が保守から革新へ県政を大転換させたのである。

全国に名をはせた滋賀の労働四団体。ナショナルセンターである総評、同盟、中立、新産別の地方組織でつくる。滋賀の新産別は1973年に県組織の協議会を立ち上げ、県内の労働運動に主体的に参加するようになっていた。

ここに滋賀の労働四団体すべてが顔をそろえた。だが、総評と同盟は犬の犬猿の仲だ。全国どこでも「対立と不信」の不協和音を生んでいる。そんな広い、深い溝に滋賀県で橋をかけたのが細谷である。

対立の火ダネとなっていた地労委の委員選任をルール化して、地評と同盟のいがみ合いを鎮め、働く者の福祉事業を連帯して進めることで「労四共闘」の道を開いていった。

その背景には、総評、同盟の労働組合側にも社会、民社の政党側にも強い危機感があった。滋賀の衆院議席（滋賀全県1区、定数5）は、自民4、共産1で、社会、民社は議席ゼロという時代。「ここで県政をとらないと社会も民社も将来の目はない」、「バラバラで戦う衆院選と違って、知事選では1人の候補者。手をつなげる」。切羽詰まった思いが共闘を後押しした。

武村擁立

滋賀県知事選は1974(昭和49)年11月に行われた。選挙戦は滋賀の労働四団体と社会、民社、共産、公明の野党四党は八日市市長だった武村正義(40)を革新統一候補として担ぎだし、自民党推薦の現職野崎欣一郎(53)との一騎打ち。それは県政史上に残る壮絶な戦いとなり、武村が大接戦のすえ当選した。保守王国といわれた滋賀県で初めての革新県政の樹立である。滋賀県の政治風土を一変させたのだ。

実はそこまで行くのが大変だった。知事選でも最大の焦点は革新統一の候補者選びである。知事選年の1974年1月、労働四団体が「反自民、反野崎、革新県政樹立」の3原則に基づく野党共闘の実現を申し合わせて始まった。

7月にあった参院選滋賀地方区(改選数1)は、事実上、自民、社会、公明、共産、民社各党による新人同士の争いとなり、自民新人が当選した。しかし、得票数では非自民の野党勢力が優位に立った。これも大きな弾みにとなって、労働四団体の知事選候補選びは本格化。8月に入り、野党四党も「3原則」に沿って選挙共闘を組むことで一致した。

候補者選びは比較的スピーディーに進む。現職野崎の対抗馬として八日市市長の武村の名前が取りざたされ始める。誰が言い出したのか、はっきりしないが、夏ごろのことだった。しかし、「武村ってどんな人物か」。誰も知らない。年齢は40歳と若い。「官僚出身であり、手堅い行政を進めるであろう」。それぐらいのことしかわからない。

そこで、労働四団体の幹部8人が武村に会うことになって、八日市市役所に出かける。9月8日のことだった。

そのときは、「武村さんに白羽の矢を当てたが、まだ『推薦する』とも『しない』とも判断する段階には至っていない。とりあえず武村さんの人となりを知る。県政についての考えを聞かせもらい、我々と共通点があるかを確認する」。それが目的だった。

初対面の帰り道。すぐに結論が出た。「彼は若くて、面白い男だ」、「市長としての取り組みもユニークだ」、「野崎県政への考えも私たちに近い」と、みんな好印象を持った。「武村で行きましょう」

滋賀県は保守の牙城。「野党四党と労働四団体が一緒にやらないと絶対に勝てない。保守地盤から候補者を引っ張り出さないと勝てない」。八日市は保守の地盤。そこの市長を出せば、八日市市民が応援する。湖東が動けば滋賀県中が動く。これが細谷の勝利の方程式である。

労働四団体はその日から「武村擁立」へ本格的に動き出す。問題は肝心の武村が受けてくれるのかどうか。そこが霧の中だった。

武村は「断る」のではないかそのとき、どう口説き落とすか。思案を巡らす。滋賀中立労協事務局長の小竹は「2回、3回行って、最後に口説き落とせばいい」という。それで労四幹部はそろって2回、3回と足を運んだ。

社会党の混迷

労働四団体の幹部は武村に一目ぼれした。しかし、問題が細谷の足元である社会党県本部で起きる。候補者の擁立をめぐって迷走、混乱を重ねたのだ。

当初、「武村擁立」に一応前向きな姿勢を見せていた党県本部は、9月に入るや執行委で、『武村氏は反自民にふさわしくない』として態度を急変、地評議長の駒井徳左衛門の擁立を決める。だが、労働四団体の突き上げで白紙撤回に追い込まれ、党内外からは非難ごうごう」（関根英爾『武村正義の知事力』）だった。

やっと9月25日の臨時党大会で「武村擁立」にこぎつけるが、こんどは県本部三役が書記長の高橋勉を担ぎ出す。高橋は県庁の記者クラブで出馬会見までしてしまう。二転三転。分裂の危機に直面した社会党県本部は30日、再び臨時党大会を開き、後藤委員長、高橋書記長ら三役の解任と除名を決める。新たに委員長に西村関一、書記長に西堀喜祐ら新執行部を選出し、なんとか再出発にこぎつけた。

労四幹部がそろって八日市市役所を訪問したとき、細谷は地評副議長として加わっていた。

細谷にとって武村との初対面の機会であった。以来、細谷は「武村擁立」に向けて主導的に動く。総評と社会党は表裏一体の関係にある。混迷する党県本部の体制立て直しも水面下で差配したのは細谷と党県本部顧問の法岡であった。

出馬するかどうか、揺れる武村は、その細谷の動きをじっと見ていた。社会党の内紛の収拾なくして、武村の知事選出馬の決断はなかった。社会党の混迷は武村県政誕生の分水嶺となる事件であった。

魔の手

社会党県本部のゴタゴタは、表向き「武村の革新性」をめぐる紛糾だったが、その背景には、当時、野崎県政に食い込み、ろう断したとされる上田建設社長・上田茂男の存在があった。

当時、法岡は細谷にこんな話をしていた。「京都で上田に会った際、(社会党の知事選候補をめぐって)上田は(野崎の対立候補として)県本部の三役でなくてもいい。誰でもいい。例えば『細谷がいるだろう。出せばいい』といっていた」と。「そんなばかな」と2人で一笑に付した。

上田は、知事選で野崎を勝たせるためにはどうすればいいか。その一点で考えていた。「武村を出させたくない」、「社会党から誰かを立たせて戦う」。『野崎VS武村』の対決構図になることだけは避けたかったのではないか」。それだけ上田は「野崎再選」に危機感をもっていたのだろう。

細谷と法岡は親しい間柄である。社会党内で「上田に近い人物」と見られていた法岡は、信頼していた細谷に対して長年続いてきた「上田との関係」を赤裸々に語っている。「私（法岡）が参院選に立候補したとき、上田から闘争資金（選挙資金）の一部をもらった」。上田金脈は以前から社会党にも深くしのび込んでいた。この知事選では「高橋勉らも上田とのつながりがあって引くに引けない立場に追い込まれていたのではないか」

「利権体制の頂点に立つ上田建設社長の力によって、社会党滋賀県本部三役が買収され、脅迫され、統一戦線を破壊する側に回ったとき、労働者の闘いは極めて重大な危機に立ち至った。1日1日が緊迫した情勢の連続であった」。細谷は「労働四団体の総括」で、そう述懐している。労働団体は、候補者擁立で混乱する社会党の動きを固唾を飲んで見守っていたのだ。そんな中、社会党のお家騒動の収拾に奔走していた細谷は「ここで『上田と社会党との関係』を断ち切った」

県政を奪い取る

保革激突の滋賀県知事選は県内を真っ二つに割る熾烈な戦いとなった。

武村を支える選挙母体は「みんなで明るい革新県政をつくる会」。主力部隊は労働四団体（地評3万人、同盟2万8000人、中立労協1万5000人、新産別3000人）に、純中立2万5000人を加えた約10万の労働組合員。そこに社会、共産、公明、民社四党が参加した革新8団体の総結集態勢だ。各単組への縦割りと県内を13ブロックに分けた横割りを軸にして集票作戦を展開する。

現職の野崎は「豊かな滋賀をつくる会」をバックにする。農協中央会の会長を代表に、建設業協会、漁連、市長会、町村会など約200団体（約35万人）を網羅。大津市内の学区ごとに20支部、郡部に49支部を設置。各支部には農協組合長、自民党役員、自治会長などを幹部にすえる。これに自民党県連96支部と党選出国会議員の後援会を一体にした大連合艦隊である。

選挙戦は、それぞれシンボルカラーのグリーン（「明るい会」）とブルー（「豊かな会」）で敵、味方を色分けする。デマ、中傷が乱れ飛ぶ。ポスター、ビラ、ステッカーが氾濫する。すさまじい選挙。当時の都市型選挙が近江路のいたるところで繰り広げられた。

その保革一騎打ちの滋賀県知事選の投開票日は1974年11月17日。野党四党、労働四団体の推す革新統一候補の武村が勝った。得票は253,259票、3選を目指した自民推薦の現職野崎は244,935票。8,324票という僅差。超激戦のすえ、県政を奪い取ることに成功した。

違いを認めともに闘う

細谷は40年前の激戦を今でも熱く語る。「そりゃあ、すごかった。燃えに燃えた。シンボルの四葉のクロバーをみんながつける。自動車もリボンをたなびかせて走る。それだけでもすごい。『知事選勝利、年末一時金闘争勝利』の決起集会を開いたが、労働四団体の結束ぶりは違っていた。総評・単産の動きもいつもとは全然違う。選挙でカンパなんかしたことがないのに、やった。一人800円だったかなあ。いっぺんに目標額が集まった。すばらしい戦いだった。県政史上あれほど盛り上がった選挙は今までにない」

多くの人が「労四共闘」を勝因にあげる。チッソ守山労組でともに闘った長尾は「細谷さんは、守山の闘いであれほど対立した第2組合の同盟と一緒に知事選を闘った。不信任した民青、共産党も含めて労働四団体、野党四党の滋賀方式をつくり上げた。すごいことです」。

元自治労滋賀県職員労働組合副委員長の檜山眞理もこう言い切る。「労働組合を統合したことです。組織、路線の違いこれを認めながら課題別に重ね合わせて、力を合わせる体制をつくった。その最たるものが知事選です。細谷さんがいなければ武村県政は生まれなかった」

「武村と細谷」。片や政治、行政のリーダー、片や労働運動、市民運動のリーダー。「このふたりがコラボして革新的で文化的な草の根県政をつくり、育てた。誰もが認めるところだ」(檜

山）

その武村県政は出だしから難問に直面する。その一つが県政を揺るがす。

黒い関係

社会党県本部と上田建設との関係は「上田一夫委員長時代からあったことは承知していた」という細谷。しかし、労働四団体が「武村擁立」で動き出したころ、労四幹部は上田建設と野崎県政との関係については、まだよくわかっていなかった。

それが知事選前、自民党の八日市市議だった大西文蔵らが反乱を起こしたことで明るみに出る。大西らは「野崎県政さようなら」という文書を出し、「上田建設が野崎知事に近づいている」と異議を申し立てたからである。そのころから急に上田建設と県政の癒着が表面化していく。

「野崎と上田」との関係が初めて具体的に明らかになったのは、県知事選後、武村知事の諮問機関である県土地開発公社対策委員会が上田金脈のからくりを暴露してからである。それまでは誰も分からなかった「土建政治」との決別はここから始まった。

交換契約のからくり

細谷が武村県政で担った役割は三つある。野崎県政における「上田金脈の実態解明」が一つ。

いま一つは「せっけん運動」、そして中国湖南省との友好提携である。

武村県政が発足して2月後、細谷は「やってくれないか」と直接依頼された。上田金脈問題の解明である。

1975(昭和50)年2月、細谷は設置された県土地開発公社対策委員会(委員長・桑原正信滋賀大学長、委員10人)の委員として参画し、公社を舞台にした「黒い取引」にメスを入れる。「県当局がスタッフとして付けてくれた職員と2人で土地開発公社(県庁別館)にこもり、日夜、実態解明に没頭した」という細谷。公社には土地取引相手である上田建設などの膨大な資料を提出させて、「1件1件調べて、読み解く日々が続く」

そんな作業を進めるなかで、細谷は土地転がしや土地の交換契約などの実態をつかんだ。「土地転がしであれ、交換契約であれ、何もかもすべてで上田建設の利益となる構図が浮かび上がってきた。とりわけ交換契約が最大のポイントだった。構図そのものは単純だったが、前代未聞のこと。『これじゃ、びわこニュータウンは〃上田ニュータウン〃になってしまう』ことが分かった」

作業を始めて3～4カ月の短期間で、細谷はこうした交換契約など濡れ手に泡ともいえる「上田商法」の全貌を暴露した膨大な報告書をつくった。そして5月30日、武村知事に答申した。

この中で、びわこニュータウンなどの用地取得(計6件)で、公社が上田建設グループと締結した売買契約について、土地転がしのほかに、土地交換比率が「1対1・7」、つまり公社は100の土地をもらって170の土地を上田建設側に与えるという交換条件などを「無謀な契約」と断じ、契約の解除か、契約の全面的な改定を求めた。

土地交換では上田建設側には保安林や市街化調整区域といった開発の不可能な土地が含まれているのに対し、公社の土地は開発可能な市街化区域である。公社にとって〝赤字交換〟の契約となることも明らかにした。

公社は借入金206億円、未払金272億円の計478億円もの膨大な負債を抱える。1974年度の支払い利息はなんと16億円（1日500万円）にものぼる。こんな身動きが取れない借財を抱える公社の実態も浮き彫りにした。

県知事選に勝ったからこそ一番の難問であった土地開発公社問題の解明ができた。上田金脈問題を引きずっていてはスタートしたばかりの県政運営の重い足かせになる。その意味で、細谷がつくった「報告書」は上田金脈問題を県民、市民に明らかにし、地方権力の構造にメスを入れた歴史的公文書となった。

全面解決

報告を受けた武村は公社問題の解決に向けて「和戦両様」の構えで臨むが、「和解は難しい」

と見られていて、最終決着まで時間がかかった。細谷も副知事の稲葉稔と根回しに動く。そして1978（昭和53）年9月、元首相田中角栄の力も借りて全面和解に持ち込んだ。武村の「政治力のすごさ」（細谷）を見せつけた。

滋賀県と県土地開発公社は9月28日、上田建設グループ、飛島建設など6社との契約解除交渉に合意した。合意した基本契約は、びわこニュータウン東部地区は民間の自主開発にすることを柱に、問題の土地6件の契約解除、解除に伴う既払い金の返還、新契約の締結など8条からなる。1975年2月に疑惑が表面化して以来、県政を揺るがした土地開発公社事件は、公判中の刑事事件を残して全面解決となった。

武村は記者会見で公社対策委の答申にある「『県民が納得でき、損害を残さない一括解決』という基本方針は貫けた」と胸を張った。

武村県政1期目において、野崎と上田建設による利権体質、県政にはびこっていた特定業者との癒着構造の一掃は最大の課題だった。「上田建設は田中と直結していただけに、武村さんは田中邸に日参するくらいにして、問題を解決した。政治家としてあれほど大変な仕事はなかったのではないか」と、細谷は評価する。

知事選の「武村勝利」は、単に県政が保守から革新に転換しただけにとどまらない。滋賀の政治風土を一変させる。県政を権力者から県民、市民に取り戻す契機となった。ここから武村県政の「草の根の自治」が始まる。

信頼の醸成

1976年1月1日、滋賀県の労働四団体は全国で初めて「統一旗びらき」を盛大に行った。そして、これまで年月をかけた闘いの中で鍛えられてきた労働四団体の統一した力をさらに発展させ、全国の労戦統一に発展することを希求する場となった。

「労働四団体の総括」で、細谷は1974年知事選をこうも振り返っている。

〈新しい労働福祉事業を労働組合の共同行動として進めたことで、労働運動において自らの団体の利益優先ではなく、他の労働団体の利害も十分考慮し合う環境が生まれた。個人間、団体間の信頼醸成につながっていった。県地労委のポストをめぐる対立も人事のルール化で後退し、「分裂から統一」へと労働運動の潮流がかわっていく。

そんな中で「闘って勝つ」を掲げ、労働四団体の統一行動を飛躍的に高めたのが、1974年の武村知事選だった。滋賀県から利権体制を放逐する重要な政治闘争と位置づけたこの闘いに勝った。まさに武村知事誕生は労働運動の「統一の結晶」である〉

なすことの意義と目標、戦略を説いて、運動を引っ張ってきたのが、ほかならぬ細谷であった。

石の投げ方がうまい

小竹富雄（元滋賀県労働四団体事務局長）

私の出身労組の先輩が滋賀地評の事務局長で、その後継者が細谷卓爾さんでしたので、チッソの水俣病など公害防止闘争を中心とした労働運動に東奔西走されていた時代を側面から見聞きしていました。東大卒の細谷さんは、いずれ会社に戻って経営の一角で活躍されるのであろうと思っていましたが、そうはならなかった。ご存知の通りです。

私がこの人を語るときに忘れられないことがあります。

その一つは、滋賀地評事務局長時代。もうずいぶん前になりますが、大津市の長等公園で開催されたメーデー集会で、革マル集団が細谷事務局長の政治思想をめぐって猛烈に抗議の申し入れをした。しかし、細谷さんは両手を腰に「会場に馴染まず」として受け入れを拒否し、退場を命じる。その雄姿と大衆運動の指導力に多くの仲間から拍手が送られていました。会場の隅々では〽がんばろう突き上げる空に　くろがねの男のこぶしがある燃え上がる女のこぶしがある…「メーデー歌」がこだましていたのをよく覚えています。

いま一つは、1972年の大津市長選挙です。「金権政治を許さず」として大津市政の革新を目指す社共共闘の下、社会党籍を持つ山田耕三郎を擁立して闘いました。

その中で、ゼンセン同盟傘下の工場前でのビラ入れをめぐって混乱したのです。そこで細谷さんは政党の枠、地域・産別の枠を乗り超えて、働く者の信頼関係を確立して闘う仕組みをつくりました。それが労福協の組織を活用したやり方です。当時、労福協会長はゼンセン同盟の東レ、事務局長は中立の新日電から出ていたので、ゼンセン同盟組織に電労連がビラ入れに協力する。このひらめきが功を奏して革新市政が誕生したのです。

その後の労働運動は、労働四団体として新たな思いで活動を始め、諸先輩と同僚仲間の献身的な活動の積み重ねに支えられ、1974年県知事選において武村革新県政の樹立につながったと思っています。

細谷さんは聞き上手で、人を動かすのが実にうまい。「それはいい、すばらしい。担当は君や。○○ごろをめどに進めてくれないかなあ」といった具合で、テーマごとにリーダーが自然と決まり、モノゴトがどんどん進んでいく。労働団体による湖南省を中心とした訪中活動やせっけん運動、生協運動、新制作座の後援活動、さらに「抱きしめてBIWAKO」の大イベント、モンゴルとの提携運動などがそうです。

これだけまじめに論を説いてきた運動家が他府県にいますか。

特に湖南生協です。立ち上げ後、紆余曲折を経ていま「コープしが」になっていますが、それも細谷さんを信じて立ち上がった女性たちの努力によって今日があると思います。

いまでこそ言葉は少なく、静かで、穏やかですが、現役のころは何もかも積極的で行動派の申し子です。そして、石の投げ方が実にうまい。池の中のどのあたりに投げたら、どのような波紋が広がるか。その計算が実に早い。そして納め方も準備したうえでのことですから、かなわんですよ。

かなり昔になりますが、「細谷さんを選挙に担ぎ出そうか」という話を聞いたことがあります。しかし、細谷さんにそんな野心はないし、「失礼な話だ」と突き放しました。

細谷さんは大衆とともに今日まで生きてこられた。裏方さんが似合う方ではないでしょうか。これからも大衆とともに元気で堂々と生きてほしいと願っています。

第6章

よみがえれ琵琶湖

せっけん運動を全国に広げるネットワーク組織「協同組合石けん運動連絡会」の総会であいさつする細谷(1991年11月)

(1)水俣から琵琶湖へ

労働者の加害者性

「水俣病から学ぶものに二つある」と、細谷はいう。

「一つは工場の中の労働災害と工場の外の公害は『裏表の関係』にある。労働者をいじめるような経営者は、内に労働災害を引き起こし、外に公害を出す。いま一つは地域住民、漁民らが自然界の変化に鈍感になってしまうと公害になる。

現場の労働者は地域社会から採用されている。この労働者の人権を現場で無視することは、彼らが家に帰ったときの状況を無視することと一緒である。だから労働組合を利益団体にしてしまっては、労働者は公害と闘えなくなるのは自明である。それだけに労働組合は社会的存在としてあらゆる問題に立ち向かわなければならないのだ」

「水俣の闘い」で、そう学んだ細谷は「公害と闘わない労働者の問題点はいったいどこにあるのか。細谷は労働者の「加害者性」について共著論文「公害根絶と労働者」でこう記す。

＜一方の手で労働者の首を絞めつけている資本の「不変資本充用上の節約」は、もう一方の手で労働者の手に斧を持たせ住民を殺傷させている。労働者を生きた人間としてみないで、資本制生産の歯車としてみるならば、公害は資本家のせいで労働者のせいでないといえるかもしれない。しかし、労働者が生きた人間として自分をとらえれば、たちまち住民に対して加害者となっている自分自身が浮かび上がってくるのである。

労働者は企業の従属物としての自己を独立した人間に変革することなしに、自らを加害者としてとらえることはできず、逆にまた、加害者として自分をとらえることができない限り、労働者は企業の従属物にすぎず、人間として自己を解放することはできない。

労働者にとって公害と闘うことは、資本からの自己解放を目指して闘うことにほかならない。公害と闘わない労働者に対する非難は誠にもっともであるけれども、首を絞められ、殺傷されつつある労働者の苦しみ、悲惨さを知らない者は、真の告発者ではない。労働者の持っている重さが分からなくては、公害被害者の持っている重さもまた分かることがないであろう＞

マルクスの「資本論」が登場してきて難しい。が、公害の加害者にもなる労働者の重い、深い自覚がここに読み取れる。細谷の「複眼思考」から導き出される思想である。労働組合はその思いに立って「組合同志あるいは市民運動としっかり手を握り合わなければならない。その新たな組織化の成否こそ、闘いの成否の重要な部分につながっている」。細谷が琵琶湖で大衆運動を組み立てる源《みなもと》はここにある。

「根来警告」

滋賀地評の事務局長時代。京大理学部の大津臨湖実験所助教授である根来健一郎の新聞記事が細谷の目に留まった。「今、琵琶湖で水質の変化が始まっている。人々は気がついていないが、琵琶湖の汚染は大変になるだろう」という報道である。

話を聞くため、細谷は臨湖実験所を訪ねる。根来はこう警告した。

「琵琶湖の微生物が変わってきている。それも異常な変わり方で、今まで琵琶湖にいなかった微生物がいる」。だから「今こそ琵琶湖の水質保全を一生懸命やらないと、とんでもないことが起きる」

「これは大変なことになる」。そんな危機意識が細谷を琵琶湖と向き合せた。1970(昭和45)年ごろのことだった。

1971(昭和46)年12月12日付の読売新聞にあった。「琵琶湖　赤潮発生の恐れ」という大見出しで、根来が警鐘を鳴らしている。

「琵琶湖では、プランクトンの発生状況から瀬戸内海などで多発している赤潮と同じ現象が起こりつつある。放置すれば2、3年のうちに湖内水産業は大打撃を受ける」

琵琶湖で赤潮の兆候があらわれたのは1970年からだ。近江八幡、草津、大津市雄琴沖などで湖面が赤褐色に変色した。根来の調査によると、「この変色はいずれもプランクトンが異常発生したもので、その中に瀬戸内海の赤潮に見られるプランクトン渦鞭毛藻類のなかのペリディウム・アヌリカナムが見つかり、海の赤潮と同じ現象が起こりつつことがわかった。今のうちに湖水の富栄養化を防がなければ、プランクトンの発生は止められない」とある。

琵琶湖総合開発はNO!

琵琶湖に赤潮の兆しが出だした1970年秋、滋賀県で知事選があった。現職の野崎欣一郎が再選を目指す選挙だ。野崎の1期目、滋賀地評は社会党と一緒に「野崎推薦」で臨んだ。だが、この2期目は推薦せず、野崎県政と一線を画した。その根底にあったのが琵琶湖総合開発計画である。

琵琶湖の水質がおかしくなり始めている。「そんなときに開発とは何ごとか。県は琵琶湖の利水計画よりも水質回復を優先させるべきである」というのが、大きな理由である。

滋賀地評は1972(昭和47)年に琵琶湖総合開発特別措置法案の廃案を目指す運動方針を決

め、地評、社会党あげて「琵琶湖総合開発反対」へ動き始めた。だが、この年の6月、法案は全国初の地域立法として国会で成立し、琵琶湖総合開発計画がスタートした。

琵琶湖総合開発特別措置法　琵琶湖を持つ滋賀県は下流の大阪、兵庫両府県が求める新たな水需要にこたえる一方、下流府県は滋賀県内の地域整備にかかる事業費を特別に負担する仕組みを盛り込んでいる。具体的には琵琶湖から新たに毎秒40tの水を最大水位マイナス1・5mの範囲内で下流府県に供給する。その一方で、県内では下水道、港湾、河川、ダム、土地改良など18事業（水資源開発公団〈現水資源機構〉事業含む）を進める。この大規模プロジェクトの総事業費は4266億円。10年間の時限立法である。

この琵琶湖総合開発は、法期限切れの1981（昭和56）年、「開発から保全」へ政策転換を図る武村県政の下で、特別措置法の10年延長と新たに水質保全にかかる農業集落排水処理、畜産環境整備、ごみ処理、水質観測の4事業を計画に追加した。

第二期琵琶湖総合開発計画の総事業費は9628億円。下流負担金は360億円となった。その後、琵琶湖総合開発はさらに5年延長され、最終的な事業費総額は約1兆9000億円にものぼった。

「琵琶湖総合開発は琵琶湖の水質を悪化させる」と、細谷らがいくら声を上げても、市民、住民には届かず、反対運動は広がらない。革新府政だった京都府、大阪府も反対運動に耳を貸さない。それどころか、滋賀県知事に対して大阪府は黒田了一知事名で『開発に協力せよ』というから府は協力している。不埒な県民を大阪まで送ってくるな」という抗議文をよこす始末だ。

琵琶湖をどう社会問題化するか。どう大衆化していけばいいのか。

細谷は1972（昭和47）年9月、滋賀地評、大学教授ら研究者、革新政党などを中心に「琵琶湖を県民の生活に取り戻す会」を結成した。同時に「政治関係を変えなければどうにも動かないことがはっきりしている」として、その年の9月に行われる大津市長選、2年後の滋賀県知事選（1974年11月）で、それぞれ大津市政、滋賀県政を保守から革新に「ひっくり返す」ことを決意する。

最初の大津市長選では、革新系無所属の山田耕三郎が当選し、県内で初めて革新市政を誕生させた。この選挙が突破口となり、琵琶湖をめぐる大衆運動の流れは大きく変わり始める。

浜大津に人工島建設

滋賀県民にとって「母なる琵琶湖」を近畿1300万人（当時）の水資源としてとらえ、工業開発で増大する下流の水需要を琵琶湖から引き出す。そのために琵琶湖の水位が最大1・5m下がってもいいように手当てする。これが琵琶湖総合開発計画である。これに悪乗りするプロジェクトの一つが大津市の浜大津人工島建設である。

下流の大阪、兵庫両府県に新たに大量の水を供給することで、琵琶湖の水位が下がってしまうと、玄関口である浜大津港への遊覧船の出入りが不可能になる。そこで浜大津港沖に23・

45haもの埋め立て地を造成し、そこに新たな港を整備する。水位低下を奇貨として広範囲に琵琶湖を埋め立て、そこに新たなレクリエーション基地をつくる構想でもある。

「琵琶湖を県民の生活に取り戻す会」の事務局長を務める細谷は、人工島反対運動に本格的に取り組み始める。「琵琶湖総合開発そのものが下流優先の計画。すでに湖岸を埋め立てている。これ以上の大規模な埋め立てを許せば、必ず水質は悪化する。琵琶湖にとって大変なのは水質なんだ」。こういい切って、細谷は「琵琶湖を守る運動の象徴として浜大津の人工島を俎上に乗せた」

利権派が企てた琵琶湖総合開発計画を阻止するために、翌1973（昭和48）年、京大農学部助手の石田紀郎ら若手研究者を中心に「琵琶湖汚染総合調査団」をつくった。革新市政に転換した大津市の委託を受けるかたちで組織し、団長には三池炭じん爆発事故訴訟（CO裁判）で協力を得た星野芳郎に依頼した。

そのとき、琵琶湖総合開発の根幹である下流府県の水需要の増大見通しについて、「あれは架空の水需要だ。むしろこれからは減る」と細谷は予測。「下流には水いらん」。そのことを実証的に明らかにする調査報告を求めた。

埋め立てはダメ

その年の10月にまとまった調査団の報告書は「人工島建設は経済的、社会的メリットなし」。細谷の期待通りだった。琵琶湖総合開発計画で増大を予測する工業用水の需要量はまったく誤っている。工業用水は回収、海水の利用によって大幅に減少する。そう調査団は断じた。

そして調査団は言い切った。「琵琶湖総合開発は公共事業の名のもとに、企業に節水への取り組みの兆しが見えはじめた段階で、その芽を摘み取り、振り出しに戻すために機能しかねない。工業用水の供給を飛躍的に増大させる必要もなく、すなわち、湖水位を1・5m下げる必要もない」

新聞はさらに踏み込んで書いた。「琵琶湖は死ぬ」

報告書を受け取った大津市長の山田は、即座に浜大津人工島計画の白紙撤回を表明した。これで浜大津の埋め立てによる大レジャーランド構想は泡と消える。その後、下流の水需要の激減は現実となる。琵琶湖総合開発計画の前提がここに崩壊した。

琵琶湖総合開発計画や琵琶湖の汚染問題は、のちに赤潮の発生もあって、単に上下流の水争いではなく、琵琶湖・淀川水系全体の共通課題であることを浮き彫りにした。

この人工島問題は、のちに細谷がつくった湖南生協が取り組む「琵琶湖を守る運動」の起点となった。

富栄養化の元凶はリン

滋賀県は1960年当初から工場誘致を積極的に行い、農業県から工業県への転換を図る。それとともに県内のあちこちで水質汚染、大気汚染が発生し、住民の公害反対運動が高まりはじめる。そのとき、京大の根来は3点を指摘した。

①琵琶湖の汚染の指標としてプランクトンの変化を適用する
②水の汚染の原因を工場・事業場にのみ求めるのではなく、生活の場にも求める
③琵琶湖の汚染は表面上の美しさにかかわらず、内実は破局に向かって進んでいる

科学者の目は鋭い。根来はのちにこんな回想文をしたため、琵琶湖汚染に警鐘を鳴らしていたことを細谷は論文「琵琶湖と住民運動」(「技術と人間」1982)で明らかにしている。

〈昭和44(1969)年5月、京都市の水道水に発生したカビ臭の原因を南湖で調査し、従来、私自身が行ってきた水質分析の結果からして、琵琶湖の富栄養化を進めている最大の原因は合成洗剤中に含まれている助剤としてのリン酸塩であろうと思うに至った。

この私の考えに、最も力強い支持を与えてくれたのは、昭和45年11月5日に朝日新聞に掲載されたシカゴ特派員の短い報道であった。それは「ミシガン湖をはじめとするセントローレンス五大湖の富栄養化をもとの状態に取り戻す最善の方法は、合成洗剤中からリン酸塩を除去することにあるとシカゴ市が断定した」というものである。そこで私は勇をふるって昭和46年の初頭から合成洗剤のリン酸塩の規制を急げと叫び始めたのである＞「リンだ。リンが琵琶湖の富栄養化の原因物質なんだ」。根来は早々と突き止めていた。

琵琶湖に赤潮

琵琶湖総合開発を阻止できず、合成洗剤の反対運動もはかばかしく組織できないうちに、「私たちの努力不足を告発する」(細谷)かのように、1977(昭和52)年5月から6月にかけて琵琶湖に大規模な赤潮が発生した。

プランクトンの研究をしていた根来の予言通りである。受けた衝撃は大きい。

琵琶湖に赤潮が発生したのは5月27日だ。発生水域は大津市の浜大津から真野浜、北小松など南湖から北湖に広がる。大規模な発生である。浜大津から由美浜一帯では長さ3・5km、幅100〜200mにわたり湖面が茶褐色に変色、魚くさい臭気が漂った。この赤潮は湖流に乗って移動、拡散し、翌日には琵琶湖文化館(大津市島の関)など6カ所で確認された。

琵琶湖の大規模な赤潮発生は、琵琶湖の富栄養化が深く広く進行しているあかしである。しかも根来が赤潮発生の最大の原因は「合成洗剤に含まれているリン」であると指摘してから8年近くもたつ。

当時、根来の警告を受けて労働組合や地域婦人会など一部で合成洗剤追放へ動き出してはいた。しかし、大勢とはならず、散発的なものにとどまる。それどころか、行政は琵琶湖総合開発計画で整備する流域下水道に県内の排水を集約することで解決しようとしていたのである。

赤潮の発生は、琵琶湖の水質に対する市民の危機感を呼び覚ました。楽観的だった人々の認識を一変させ、琵琶湖を守る運動に弾みがつく大きな転機ともなった。ここから琵琶湖を守る運動はどんどん大衆化していく。

健康と環境のせめぎ合い

日本の公害反対運動は、人体に被害が発生してから始まる。水俣病、イタイ・イタイ病、四日市ぜんそくなど例をあげればきりがない。「自分の生存が成り立つか否か」。そのギリギリのところに追い込まれて初めて運動は起こされてきた。「何よりも重要なことは被害を未然に防ぐこと。それこそが水俣をはじめ日本の住民運動に残した最大の教訓である」(細谷)

琵琶湖は滋賀県民のみならず京都、大阪、兵庫など近畿1300万人の「生命の源」である。

この飲み水が何らかの毒物で汚染されたとしたら、その被害は古今未曽有のものとなる。被害が発生してしまえば本質的な解決策を持ち合わせていない。そんな現状にあって、なすべきことは、ただ一つ。「汚染の防止と公害の予防」である。

「琵琶湖の水質悪化は、一部の人々とか、ある特定の事業とかに原因があるのではない。さまざまな形ですべての県民がかかわっている。単に合成洗剤にとどまらない。し尿処理を筆頭に生活排水すべてにわたって見直しが必要である。工場廃水も農業排水も琵琶湖を汚している。なかでも急速に進む汚染の象徴的な物質である合成洗剤は、一部の人が使用を中止すれば解決するというものではない。すべての県民が使用をやめなければ湖中のリンは削減できない」

こう指摘する細谷は、大衆運動の中心に「せっけん運動」を据える。

「琵琶湖の赤潮と合成洗剤追放運動を結びつけていけば、人々は必ず琵琶湖の汚染防止に向けて立ち上がり、動き出すであろう。人々が動き出さなければ、行政も動き出すものではなかろう」と、考えてのことだ。

一口に「せっけん運動」といっても100%すっきりまとまるわけではない。滋賀県には合成洗剤の追放運動を先駆的に取り組んでいたグループがある。1972(昭和47)年ごろ地評主婦の会では催奇性、発がん性といった健康被害を中心に「家族の健康、生活を守ろう」と取り組みを始めていた。湖南生協のなかでも合成洗剤と粉せっけんをめぐるせめぎ合い、路線対立があった。細谷も苦悩する一人だったが、運動論の視点からはっきり指摘していた。

「健康被害が切り口では大衆運動としてなかなか広がっていかない。合成洗剤の人体被害では、赤ちゃんのおむつかぶれや肌荒れなどの皮膚障害についていては疫学的に実証することは可能である。しかし、界面活性剤の催奇性、発がん性を科学論として立証するのはとても無理な話。そこまで踏み込んでしまうと、大衆運動として組み立てるのは難しい」

テレビでキャンペーン

合成洗剤追放運動を県民運動として大きく発展させていく道筋をどうつけるか。催奇性、発がん性を中心に人体への安全性を重視してきたこれまでの追放運動を水の汚染を前面に押し出した新しい運動に局面を転換させる。そのためには、細谷は自らもペンをとって琵琶湖に警鐘を鳴らすメディア対策に乗り出す。

啓蒙書『よみがえれ琵琶湖』を出版した。「映像メディアの役割も大きい」と、地元のテレビ局「びわ湖放送」(BBC)に持ちかけたのが、キャンペーン番組「よみがえれ琵琶湖」(35分)の制作である。密着取材による琵琶湖の汚染報道は予想を超えて県民にアピールする。テレビで放映したあと、映画につくりかえ、運動の素材にもした。映画は県内だけでなく全国にもよく売れた。50本は超えたという。

この番組づくりは、長期計画があったにもかかわらず第一作で終わってしまう。「合成洗剤をやめて粉せっけんに切り替えていくという運動が大きく広がっていくはずがなく、『局としてつき合う必要がない』という経営者の判断が、先もの買いに走る若手の制作者たちを抑え込んだ」（細谷）ようだ。

後日談のなかで象徴的だったことは、琵琶湖富栄養化防止条例施行の前日、１９８０（昭和55）年6月30日午後6時から真夜中の12時まで6時間ぶっ続けで放映されたびわ湖放送の特別番組「よみがえれ琵琶湖・琵琶湖元年大晦日」である。第一作だけであえなく押しつぶされてしまった若き制作者たちは、局始まって以来の長時間番組をつくり上げることで、彼らの先見性と技術力を実証して見せたのである。

琵琶湖を富栄養化させている原因として窒素とリンの存在が大きい。なかでもリンは人為的に削減できる。琵琶湖の水質への影響についても立証できる。琵琶湖に流入するリンの18％は合成洗剤という滋賀県の試算がある。合成洗剤の中のリンをなくすことで、即効性もある。

こうした合成洗剤に対する細谷の問題意識が、大衆運動を「健康」から「環境」にシフトさせていった。

合成洗剤追放へ

滋賀県の合成洗剤対策委員会は1977(昭和52)年11月に発足した。委員会は消費者、事業者、学識経験者、行政機関の代表らで構成し、合成洗剤追放運動の方向を提示する役割を担う。細谷も湖南生協理事長として参画した。

そもそも細谷が湖南生協を立ち上げたのは「滋賀の住民運動を活発にしたい」という思いもあってのことだ。「地産地消で地域を大切にする湖南生協だからこそ、せっけん運動に深くかかわる」ことにしたのである。

その舞台となる合成洗剤対策委員会は冒頭から荒れた。合成洗剤追放をめぐって「合成洗剤のすべてを禁止する」という「すべて派」と、「リンを含む合成洗剤を対象とする」という県当局原案の支持派とが真っ向から対立したのだ。

県当局は富栄養化の原因のひとつである合成洗剤の無リン化の道をさぐっていた。それは、業界や政府の見解を否定して「合成洗剤は安全性でも環境面でも害がある」と主張するには、自ら有害説を確定することが不可欠の条件となるからだ。しかし、県は独自の研究機関を持っていない。

「ないものねだりしても仕方がない。不十分であっても最大限行政の力が発揮できる条件のもとで施策を進める。足らざる分は運動で補っていく。合成洗剤追放へ。現実にはこの方法しかない」。細谷はこうハラを固める。

粉せっけんに道

合成洗剤対策委員会は翌1978（昭和53）年6月に結論を出した。その核心は「琵琶湖を守る粉せっけん使用推進運動」の提唱である。県は「琵琶湖を守る」ことを正面に掲げ、有リン合成洗剤を規制する。そして運動として「粉せっけんの使用」を展開するというものである。細谷は「地域の特性をいかした運動」を進める方向へ、県に行動を促したのである。

対策委員会は、知事武村が打ち出す「琵琶湖富栄養化防止条例」制定に道筋をつけた。細谷は科学論、運動論の視点から条例化に向けたコンセンサスをつくり、後述する粉せっけん使用推進運動へ道を開いていく。

その一方で、「琵琶湖富栄養化防止条例」について「界面活性剤をはずし、無リン洗剤に免罪符を与える」として県行政を批判し、合わせて行政を支持した運動にも「健康問題を環境問題にすり替えた」といった批判が合成洗剤の全面追放を掲げて活動してきた人々に残った。しかし、多くの県民は全国のだれも経験したことのない「せっけん運動」に参加することになる。

琵琶湖に流入するリンを削減することを目的とする行政と、合成洗剤の全面使用禁止を目的とする運動との隙間を埋める。それが粉石けん使用推進運動である。幅広い大衆運動に行政をも乗せて進める。新たな住民運動を視野に入れた細谷運動論の「知恵」である。

公害の予防

それまでの消費者運動は、消費者が購入する商品の価格と安全性など品質を問題にしてきた。「良い品をより安く」というスローガンをかかげて活動する消費生活協同組合が大半であったことをみても、そのことがよくわかる。細谷は指摘する。

「合成洗剤追放運動は、人体の健康にかかわっては従来の消費者運動と等質のものである。人体に害を及ぼす可能性のあるものを『製造するな』、『売るな』ということである。ところが、合成洗剤を洗濯に使ったあとの排水の中身について問題にすることは、それまでの消費者運動にはなかったことだ。

生活の中で使われる商品が排水となって外へ流れ出たとき、『それが環境を汚染する。だから使用をやめよう』という問題意識は、消費者にはなかった。被害者としての消費者はいたが、加害者としての消費者は存在しなかった」

琵琶湖における合成洗剤追放運動は、粉せっけん使用推進運動に姿を変えた。

その「せっけん運動」は、琵琶湖の汚染を防止する環境運動であり、公害の予防運動となって、いっきに大衆運動の裾野を広げて行くことになる。

健康被害に重点を置いていた合成洗剤問題は水環境汚染の問題としてクローズアップするなかで、運動体の中核組織となったのが「琵琶湖を守る粉せっけん使用推進運動」県連絡会議である。1978（昭和53）年8月に発足した。参加81団体には消費者団体はじめ農業や漁業、商工団体、労働組合、教育団体、行政関係など水にかかわるすべての団体が運動に参加した。また県内50市町村のうち41の自治体で「粉せっけん使用推進」あるいは「合成洗剤対策」の協議会が設立され、県民総ぐるみの運動体制が敷かれた。

水の力

県内の隅々まで広がる「せっけん運動」は「（琵琶湖の周りで）生活するわれわれの意識を大きく変える契機となった。後の環境生協の設立につながっていった」と、細谷は述懐しているが、では、実際に粉せっけんの使用推進運動をどう展開していったのか。

当時二つの大きな問題を抱えていた。粉せっけんの使用をいかに広げるか。そして一世を風靡する合成洗剤にかわって粉せっけんをいかに消費者に届けるか。運動の成否を握る「普及」と「供給」の問題である。

細谷は説いた。

「日本の水は軟水である。そもそも軟水は汚れを落とす力を持っている。ヨーロッパ、アメリカは硬水だ。カルシウムや鉄、マグネシウムなどいろいろな鉱物が水の中に溶け込んでいて、汚れを落とす力は非常に弱い。軟水と硬水は同じ水のように見えるが、実は汚れを落とす力は決定的に異なる。この点が合成洗剤を追放するうえで極めて重要なことである。

日本と欧米の洗濯の仕方の違いは、この水の質の差から生じている。硬水地域の洗濯は湯を使い、たたき洗いをする。軟水の地域では水を使い、もみ洗いで十分。この違いは洗濯機の構造まで引き継がれている。欧米のものは熱湯を使う回転ドラム式で、日本の洗濯機は水を利用した渦巻式である。

日本人は欧米と違って日ごろ使っている水、つまり軟水の特質を生かした生活の仕方をしている。だから合成洗剤は日本の水に合わない。粉せっけんで十分なのだ」

当時、合成洗剤が登場して20年。その普及、浸透力は他製品を圧倒していたが、実は合成洗剤は粉せっけんより汚れを落とす力が弱いのだ。そこでメーカーは助剤として富栄養化の原因物質であるトリポリリン酸塩を入れて洗浄力を高める。蛍光染料で白く染め上げる方法を見出し、香料さえも加えて、電気洗濯機用洗剤に仕上げている。

TVコマーシャルでは「白さと香り」をアピールする戦略で合成洗剤のイメージを刷り込む。粉せっけんは時代遅れの不便な洗剤と消費者に思い込ませている。

あのころ、総合生活雑誌「暮らしの手帖」でさえ、蛍光染料の入っている合成洗剤で洗濯すれば、粉せっけんで洗うより白くなるので、合成洗剤の方が優秀である、と言い、「あまり念を入れてゆすぎすぎると、蛍光染料が落ちて、かえって白さが減ってしまうといえましょう」という間違った消費者教育までをやっていた。

細谷は粉せっけんの普及へ論陣を張って歩いた。しかし、全県的に展開する粉せっけんの学習啓発は、並大抵のことではなかった。

草の根せっけん運動

「合成洗剤より粉せっけんの方が汚れを落とす力が強い。人びとに不便をかけるものではないことは、実物で見てもらうのが最も早い」。洗浄力テストの開始である。

同じ種類の洗濯機2台を用意して、合成洗剤と粉せっけんとで洗ってみて、その仕上がり具合をみんなが確かめる。せっけんの方がきれいに落ちることを実演する運動である。

消費者問題学習グループを中核として、500人ぐらいの「せっけんアドバイザー」が毎日毎晩、集落ごとに2台の洗濯機を持って回った。草津市から始まり、地域婦人会、農協婦人部などを含め全県にわたって行われた。

多くの人は「琵琶湖の危機」を感じ取って、生活の仕方と水とのかかわりを意識の場にのせ、単に洗濯のみならず、問題を自発的に広げていく。家庭雑排水、ゴミなどこれまで放置されてきた問題にも取り組み出す。こうして草の根の洗濯変革活動が口火を切っていった。

この草根運動の積み重ねが「富栄養化防止条例」を支えたと評価された。だが、なによりも重要なことは洗濯という一つの生活の変革を自覚したことで、全国的にも低調であった滋賀県の消費者運動が飛躍的に前進する基礎となったことであろう。

富栄養化防止条例

琵琶湖の赤潮発生で「待ったなし」の富栄養化防止対策。武村は、その切り札として、有リン合成洗剤にマトを絞って規制する方向で協議、調整に入る。そして最終的に販売も使用も全面禁止する条例制定を政治決断した。1979(昭和54)年8月のことである。

武村は条例化に当たって二つの条件を示していた。一つは粉せっけんの普及率が50%を超えること。いま一つは県民の3分の2以上、70%近い人が賛成してくれることとあげていた。この条件が満たされたのである

なにしろ合成洗剤という特定の商品を法の力で締め出すのは前代未聞のことだ。条例制定をめぐっては、

①合成洗剤と赤潮発生の因果関係が科学的に立証できるのか

②憲法が保障する「営業の自由」の原則に触れるのではないか
という二つの疑義が提起される。

洗剤メーカーでつくる日本石鹸洗剤工業会は「憲法違反だ」、「商売の邪魔をするな」と猛反対、大々的な反対キャンペーンを展開する。国も終始慎重な姿勢を見せる。

そんな中、武村は1979(昭和54)年の9月県議会に「県琵琶湖富栄養化防止条例」案を提出した。提案説明で武村は「(条例は)自治と連帯の芽を育てながら県、市町村、住民、事業者が一体となって、近畿1300万人の飲料水源を守り、きれいな琵琶湖を次代に引き継ぐことを決意し、その長い道のりの第一歩として制定する」と宣言した。

条例の柱は、全国で初めてリンを含む合成洗剤の販売から使用、贈答までの禁止と、工場・事業場のチッソ、リン排出規制の実施である。ほかにも農業肥料の適正使用と農業用水の管理、家畜糞尿、家庭雑排水の適正な処理なども盛り込んだ窒素、リンの総合的な削減条例とした。違反した場合、工場・事業場、販売業者に罰金(10万円以下)を科すことも明記した。

全国注視の中での議会審議は、窒素、リンと富栄養化の因果関係や法解釈などをめぐって難航を重ねた。結局、異例の大幅会期延長を行った末、10月16日の最終本会議で、やっと全会一致で可決、成立した。

この琵琶湖条例は翌17日公布され、翌1980(昭和55)年7月1日から施行された。日本でも例を見ない思い切った環境保全政策のスタートである。

永遠の仕事

琵琶湖条例の制定は同時に新たな仕事の始まりでもある。条例を審議した県議会の公聴会(10月9日)で、滋賀環境会議の代表世話人・柳原正典が条例と憲法、法律との関係、とりわけ私権制約の合憲性に触れたところで、こう指摘した。

「条例が合憲であるか否かは、その条例による私権の制限の合理性にかかわる。すなわち条例制定の目的、規制される私権の種類、規制の程度、私権が制約されねばならない科学的証明、審議のあり方、規制の実効性などである。私どもは家庭用単独浄化槽や農業排水における窒素、リンなどの具体的な規制をどのようにしていくか。さらに問題を解明していく必要性を感じているが、琵琶湖を保全していくには、ある程度の私権の制限は許されると考えている」

同会議のメンバーである細谷の手になる意見表明である。せっけん運動後、細谷が描く琵琶湖を守る大衆運動の道筋がここにはっきり見えてくる。当時、中日新聞記者の唐木清志は「富栄養化防止条例制定の経過」(『よみがえれ琵琶湖』)で、こう記している。

〈琵琶湖には滋賀県内の95・8%水が流れ込んでいる。琵琶湖はまさに県民の生活、生産活動の結末を映す鏡である。琵琶湖の水を守るためには県民のあらゆる生活、生産にメスを入れざるを得ない。そして汚染の進行を食い止めるとともに、将来にわたって歯止めをかけるという永遠の仕事になる。滋賀県でいま、その仕事が始まったのである〉

(2)せっけん運動

偶然の出会い

合成洗剤の追放運動が始まり出したころ、スーパーをはじめ小売店の売り場には、合成洗剤は並んでいても、粉せっけんは影も形もない。店頭に粉せっけんを陳列するよう要求しても「売れないものは置けない」と押し返される。だから粉せっけんの実践は共同購入運動で支えられていた。

その中心となったのが農協と生協である。だが、いずれの本部も合成洗剤を中心に取り扱っていて、粉せっけんは副次的な扱いでしかなかった。

全国の多くの生協は、日本生活協同組合連合会(日生協)の高級アルコール系有リン洗剤であるコープセフターを粉せっけんと併用して共同購入していた。湖南生協でも合成洗剤の取り扱いをめぐって意見の対立、路線の違いが鮮明になる。しかも肝心の合成洗剤に代わるせっけんは手元にない。

湖南生協では合成洗剤をどうコントロールするか。コープセフターは置かないようにしても、消費者は他の店で合成洗剤を買い求めるだけである。どうすれば使いやすい粉せっけんを供給できるか。みんながせっけん運動に参加できるようにする何かいい方法はないか。

新たな運動論を迫られるなかで、答えが見つかる。草の根の「粉せっけん製造運動」である。「琵琶湖を守る粉せっけん使用推進運動」の柱である草の根の「洗濯変革運動」と並んで、「みんなでせっけんをつくる」という新たな運動の展開である。

そんな折、湖南生協に細谷を訪ねてきたひとりの人物がいた。マルダイ石鹸本舗社長の前田英治である。前田は山口県で廃食油を使った粉せっけんの製造販売を手掛けている。突然の訪問は、その粉せっけんの売り込みだった。

軟らかいせっけん

前田の話は驚きだった。それは細谷が初めて知るウルトラCの「せっけん」である。

原料は使いさしの食用油。製法はいたって簡単で、レストランなどから回収した廃食油に苛性ソーダと炭酸ソーダを加えて炊き上げるやり方。「直火式焚き込み法」という。

細谷はすぐ山口県へ飛んだ。そして見た「これまでの粉せっけんとは違う。すばらしい。これならやれる」。当時、粉せっけんはあるにはあったが、「落ちが悪く」、普及していなかった。それだけに「まったくの偶然。まるで奇跡のようだった」

細谷は語る。

「水には、硬い水と軟らかい水がある。同じように油にも硬い油と軟らかい油がある。動物性の油が硬い油。この油でつくったせっけんは硬いせっけん。例えば、ラードとかヘッドは冬になると白く固まってしまう。水に溶けにくい。お湯で溶かして使うが、せっけんカスが残る。使い勝手は悪い。

一方、植物性の油は軟らかい油。天ぷら油、サラダ油などがそれで、食用に供されるために、不純物を取り除いて精製されている。これを原料とするせっけんは軟らかい。冬になっても固まらない。水に溶けやすく、汚れを落とす力も強い」

硬い油と軟らかい油ではこんなにも違う。細谷は前田にたまたま出会って、そんな軟らかいせっけんの存在を初めて知る。性能がレベルアップした良質で、使いやすい粉せっけんを見つけた。「これだ」。1977(昭和52)年1月のことである。

もちろんマルダイ本舗の製造方法がいいのかどうか、きちんと論証しておく必要があった。

細谷は当時京大助手だった石田と一緒に文献を探し歩いた。そして2人は名古屋大学で、やっと専門雑誌「油脂」(第1号)を見つけた。そこにはマルダイの「焚き込み法」が優れた製造方法であることを科学的に立証した論文が掲載されていた。「これでやれる」。細谷は確信した。

廃食油の回収へ

前田はもともと滋賀県の人。大津市の瀬田川沿いに住んでいた。つてを頼って粉せっけんの売り込みに回っていた。大津生協も訪ねたが、「合成洗剤をめぐる意見の対立などで、いっこうにらちが明かず、湖南生協に来た」という。細谷には「奇跡のような出会い」であった。合成洗剤をめぐって、はっきりした路線を打ち出しかねていた湖南生協にとっても「せっけん運動」の大きな転機になったのはいうまでもない。

廃食油はどこの家庭も処分に困っている。これを回収して合成洗剤に代わる粉せっけんを供給できれば、環境汚染の未然防止にもつながる。「一石二鳥の運動になる」と細谷。

組合員への廃食油に関するアンケート調査なども踏まえ、1977(昭和52)年5月、湖南生協の第5回総代会で特別決議を採択した。この中で「せっけんを利用し、合成洗剤を使わない『県民ぐるみ』の運動を進める」、「古くなった食用油の回収を県民運動として取り組む」ことを宣言した。

その9日後だった。琵琶湖に大規模な赤潮が発生した。本格的に粉せっけん製造に取りかかる決意を示した直後のことであった。

野天の工場

細谷は粉せっけんの製造に取りかかる。ところが、湖南生協があてにしていた山口県のせっけん工場が倒産する。「仕方がない」。そこで「軌道に乗ったら滋賀県に工場をつくる」という当初の約束を前倒しして、1978(昭和53)年5月、大津市瀬田にせっけん工場「マルダイ石鹸本舗」をつくった。

最初は釜だけ。ドーンと野天で、野ざらしだった。雨や日照りで「せっけんの品質が変わっちゃいけない」と、釜の上にビニールシートを張る。その後、屋根をつくる。3、4年かけて整えていった。

みんなが捨てていた廃油が突然せっけんになって目の前に現れる。山口県でつくったせっけんだったら、果たして信用されたかどうか。独自にせっけん工場を地元に持つ。しかも野天で塀もない。見に来てもらえれば、「変なものを入れていない」、「まじめにつくっている」ということが一目で分かってもらえる。

多くの人は、洗剤メーカーがどこの工場で、どうやって製造しているか、わからない。誰も知らないまま使っている。こうした強い洗剤メーカーに勝つには、いつ、どこで、誰が、どうやってつくっているのか。その粉せっけんがいかに「新鮮で、素性の知れたもの」であるか。そこが消費者に見えることが最も大事なことだった。

〈かつて、せっけんは各地で家内工業的につくられていた。業務用の廃食油を原料にしている工場もあった。しかし、家庭の廃食油を集めて市民運動としてせっけん工場を持って取り組んだのは、滋賀のこの運動が草分けであろう〉（『うまれる　つながる　広がる―湖南消費生活協同組合の20年』）

リサイクル運動

1978年6月、細谷は「琵琶湖を汚さない消費者の会」を発足させる。

せっけん工場ができても肝心の廃食油が集まらなければ、せっけんはつくれない。各家庭から出る廃食油を集めて、せっけん工場に運び込む回収システムの構築が欠かせない。そこで、その役割を担ったのが、この「消費者の会」だ。湖南生協が中核組織となり、労働組合や自治会、婦人会などの参加を得て結成した。

回収の仕組みはこうだ。住宅地域では10世帯ぐらいを一つの単位に油回収用のポリ容器（18ℓ）を用意し、集める。そして2カ月に1度の割合で、ドラム缶を積んだ車で回収し、大津のせっつけん工場（マルダイ石鹸本舗）に運び込む。

回収は県内を大津、湖南、湖東の3地区に分け、いずれの地区も労働組合員が実動部隊となって実施した。これまでのせっけん運動は女性が中心となって展開してきた。そこへ新たに男性が加わり、油まみれの仕事を担って運動を支える。せっけん運動は男女協同の市民運動となった。それは廃食油回収から粉せっけんの製造、利用、販売につなげる新たな「リサイクルせっけん運動」に発展していくのだった。

ところが、せっけん運動を取り巻く状況は急変する。

「合成洗剤の中のリンをなくすことは、開発できない洗剤を要求するものだ」。そういって滋賀県の琵琶湖条例に猛反対した洗剤メーカーだったが、条例制定後、舌の根の乾かぬうちに無リン洗剤を開発し、売り出した。

「湖南生協は無リン洗剤を置かない」盛り上がってきた運動の芽を絶やさないためにせっけん運動にいっそう力を入れた。しかし、せっけんの使用率は下がり始める。「粉せっけん使用推進運動」から10年後の1988（昭和63）年には31％と、ピーク時の半分以下まで落ち込む。

ネットワーク形成

細谷は「せっけん運動」を全国に広げていく。その要の組織として1981（昭和56）年10月、生活クラブ生協・神奈川理事長の横田克巳らと「協同組合石けん運動連絡会」(協石連)をつくった。全国のせっけん派のトップが集まり、せっけん運動をネットワーク化した。

その狙いは、琵琶湖の問題を湖南生協の中だけに、滋賀県の中だけにとどめずに、全国の問題、世界の問題として俎上に乗せる。単なるせっけん運動を超えて琵琶湖の運動を全国に広げることにあった。「連絡会」には当時、大学生協や漁協、農協、森林組合など地域生協以外の生協も参加したことで、新たな地域課題、環境問題が見える市民ネットワークを形成した。

1990(平成2)年3月、湖南生協から分離独立して全国で初めての環境専門生協となる滋賀県環境生活協同組合(以下「環境生協」)が発足する。これを機に、細谷は1991(平成3)年2月、新たに「リサイクルせっけん協会」も設立した。

廃食油回収によるせっけんの製造と販路拡大を目指す全国の運動団体をネットワークで結ぶ拠点組織である。これで千葉県、神奈川県、愛知県などに次々せっけん工場ができていく。熊本県にも「水俣せっけん工場」をつくる。せっけんづくりの技術や製造方法といったノウハウは、いずれも滋賀県から移転し、稼働させた。

細谷はこのリサイクルせっけん協会を足場にしたせっけんづくりの全国展開を通して、大量消費社会と暮らしのあり方を見つめ直す。環境問題への市民の関心をいっそう高め、国際交流も活発化させる。そして、その先に、「リサイクル循環型社会」の形成を見据えていた。

大衆運動にはシンボルが欠かせない。細谷はこの「せっけん運動」は細谷が目指す新たなリサイクル運動のシンボルにするつもりであった。

水俣にせっけん工場

水俣せっけん工場は、水俣病患者たちが自立するために、水俣の労働者らがカネを集めてつくった施設だ。完成を祝う席で、水俣病患者の田上義春があいさつした。

「細谷さんのおかげでこの工場ができた。オレたちは感謝しとるばい。生きていてほんとうによかった」

この言葉を胸に刻む細谷。「殺人会社の元幹部候補生にこんな言葉をもらうとは…。『あっち側』ではなく、『こっち側』にいて、ほんとうによかったと思った」

水俣病裁判闘争が終わって、水俣病患者らがチッソ本社で座り込み抗議したとき、降ろしたシャッターのそばに、細谷がいた元職場の先輩らがたくさんいたからだ。「あっち側」とは加害者である被告・会社側を指す。細谷はこうも述懐する。

「このとき、はじめて水俣病患者とは加害者と被害者という関係ではなく、ひとりの人間としてつき合える関係になれたと思った」

この水俣のせっけん工場では、のちに廃食油から粉せっけんをつくるミニプラントを開発した。名づけて「ザイフェ」（独語でせっけん）。滋賀県の技術を生かした新プラントでは、20ℓの苛性ソーダ、水、ソーダ灰を加えることで、およそ35kgの粉せっけんをつくることができる。小型で移動が可能なことからせっけんづくりの実演に重宝がられ、引っ張りだことなり、「リサイクルせっけん運動」の全国展開では、なくてはならない装置となった。

「水俣がなければ琵琶湖の問題にそれほど取り組まなかったかもしれない」

そういう細谷が切り開いた琵琶湖のせっけん運動は、単に琵琶湖の水質汚染防止にとどまらず、公害、環境破壊から地域住民の生命と健康を未然に守る先駆的な大衆運動として環境運動史のエポックとなる。それまで低調だった滋賀県の「草の根運動」に新たな風が吹く。し尿と家庭雑排水をいっしょに処理する合併浄化槽の設置請願運動や全国初の環境生協設立、さらに海を越えた環境運動へと広がっていく。

地平を切り開く

石田紀郎（NPO法人「市民環境研究所」代表理事、元京都大学大学院教授）

1970年代、80年代。琵琶湖のまわりには公害問題がいっぱい発生していました。例えば米原町のアンチモン公害。僕は現地に入って調査をしました。畦道に座り込んで地元の人の話を聞いて回った、だけど、「その公害はあくまでも米原という『地域の問題』であって、科学として一般論化できるものではない」当時、公害や環境問題はそんな風に受け止められていたのです。

だから大学では、まじめな先生から「石田君、公害も勉強せなあかんのか」といわれました。これはある意味で「名言」だと思っています。公害って勉強するものでなく、ちょっと現地に行って、土を採取して持って帰る。そして分析する。データが出る。「楽なもんや」。これが当時の日本の科学界の認識だったのです。

水俣病も水俣という「地域の話」として、そこで抑え込まれる。全国の話、世界の問題にはならない。そう考えられていた時代だったのです。

もう一つ名セリフがあります。1973年か74年ごろ京大で公害の講義をしたとき、気象学の大先生が来ていて、「公害をやりたい」という大学院生に対して何といったか。「やってもいいよ。でも君がアインシュタインになったらやればいい」

環境とか環境科学という言葉が出てくるまでの大学、世間の研究者のレベルはこの程度だったのです。だから僕なんかは、「研究者ではない」「勉強することはない。走り回っていればいい」と思われていました。

その公害、環境問題を一般的、大衆的にしたのが滋賀県の合成洗剤追放運動です。単に琵琶湖に赤潮が発生したから合成洗剤をやめてせっけんに切り替える。その程度の運動ではなかった。時代を急激に変えた。この運動を契機に環境が科学に変わっていきました。

あの合成洗剤追放運動は「科学運動」だと思っています。大衆が科学したのです。自分たちがつくったせっけんで生活がよくなり、環境がよくなる。大衆みんなが科学して世の中を変えっていった。そういう時代を画する大衆運動だったと位置づけています。

以来、さすがに「公害も勉強せなあかんのか」とは、誰からもいわれなくなりました。それどころか環境科学に予算がつく。大学に環境学部とか環境学科、環境生態学といった講座が出来るようになったのです。

琵琶湖が「公害」を「環境」を学問にした。アカデミズムに押し上げたのです。まさにルネサンスですね。「時代は変わった」合成洗剤追放運動は新たな地平を切り開いたのです。合成洗剤追放運動はこうした視点からあらためて分析し、評価しなければならないと思います。公害、環境問題解決のためには、その重要性を社会化し、経済化、政策化していくことが欠かせません。このプロセスを大衆運動としてグルグル回していかなければ、問題は解決しないのです。

細谷さんは湖南生協を立ち上げ、全国で初めて環境生協をつくって、この大衆運動を実践しました。そして琵琶湖富栄養化防止条例の制定となる。これが「抱きしめてＢＩＷＡＫＯ」などにつながり、みんなで環境を、福祉を考えるようになっていったのです。

僕が京大農学部の助手時代、細谷さんとは琵琶湖研究会（１９７０年４月発足）で一緒でした。研究会は若手研究者や労働運動家ら10人ほどの集まりで、月に１回例会を開いてアンチモンやＰＣＢ、鉛などによる汚染問題を勉強していました。

そんな折、１９７３年でしたか、細谷さんから琵琶湖総合開発計画で建設される浜大津人工島の調査を頼まれました。瀬戸内海汚染調査団を率いられた星野芳郎さんを団長とする「琵琶湖汚染総合調査団」を編成して、水質や湖流など総合的な調査をし、人工島計画はつぶれました。

マルダイのせっけん製造法が科学的に正しいのかどうか、２人で研究論文を探し回りました。市民運動と労働運動、そして私たち研究者が手をつなぐことで、公害・環境問題の解決ができるようになったのです。その道筋をつけたのが細谷さんです。

滋賀県で細谷さんに出会ったことは僕にとって大変大きなことでした。

第 7 章

協同組合が社会を変える

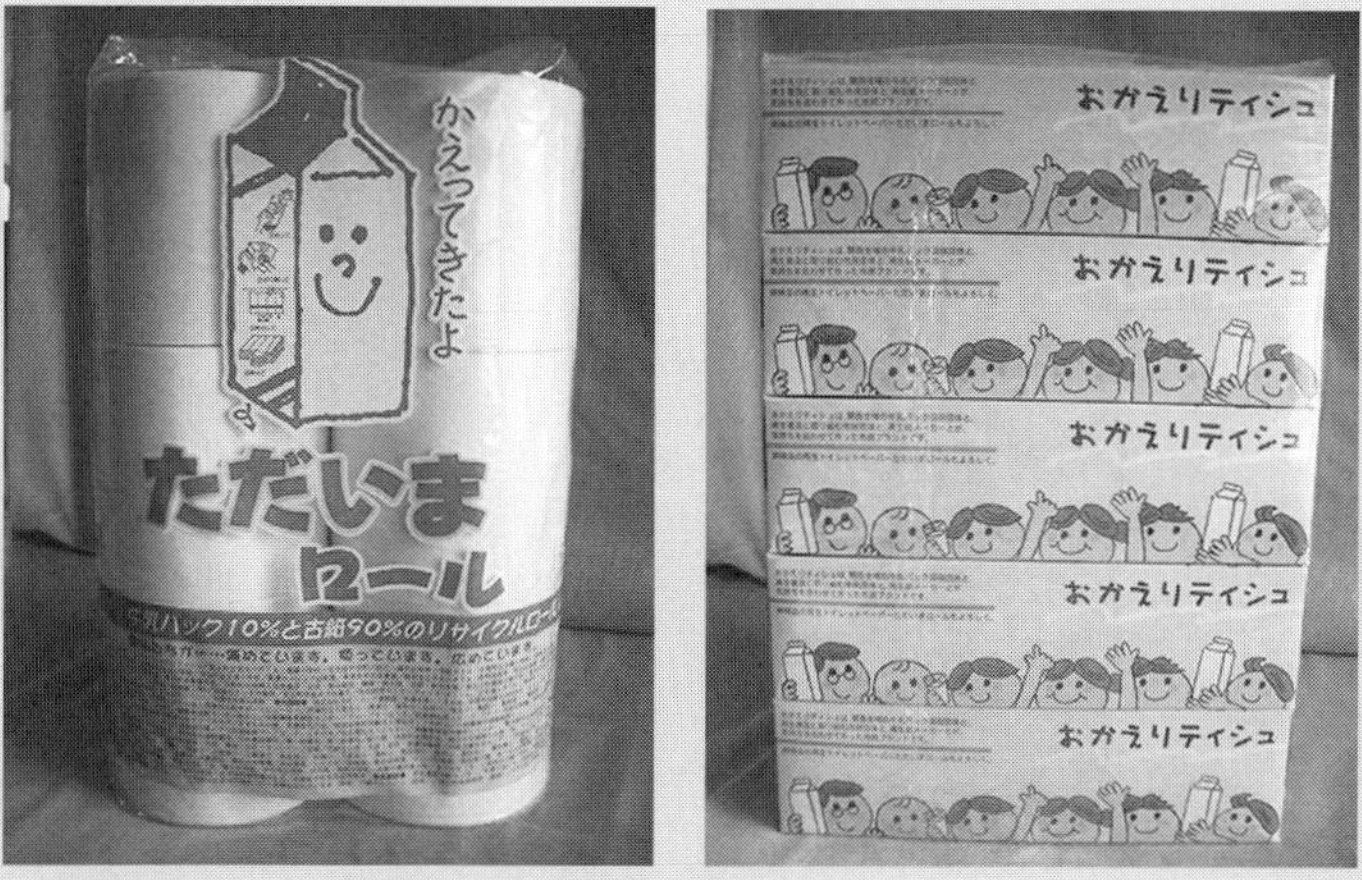

牛乳パックを回収して再生した商品

合成洗剤の追放と粉せっけん使用を訴えるパレード

(1) 湖南生協

物価安定

細谷の滋賀地評時代。1960年代後半から70年代にかけては日本は高度経済成長の真っただ中にあった。滋賀県でも都市化が急速に進み、新たな都市問題が起き始める中で、公害や労働災害、琵琶湖の保全、地方自治など地域の課題が噴出する時代であり、同時に日本の生協運動が全国で燎原の火のように広がる時代でもあった。細谷は多くの労働組合でつくる滋賀県労働者福祉対策協議会(労福協)などを足場に新しい大衆運動を開拓し、まい進した時代である。

高度成長下にあって、細谷は滋賀地評の事務局長として春闘に力を入れる。しかし、いくら賃上げを獲得しても、その一方で物価もどんどん上がっていく。まるでいたちごっこだ。「こんなことを繰り返していては、働く者の待遇改善につながらない」

滋賀県は農業県である。だが、県内産の農産物は京都や大阪の中央卸売市場にいったん出て行ってから県内に戻ってくる。そして家庭に入る。そのぶん値段も高くなる。こんなおかしな流通経路をカットして、県内の農家(生産者)と消費者が中央卸売市場を通さずに直接取引すれば、農産品は安く手に入る。物価も下がり、生活も楽になる。

「労働組合は賃上げ闘争に力を入れる一方で、物価を安定させる仕組みを編み出さなければならない。流通の合理化にもっと力を入れるべきである」

そこでの細谷のひらめきが「産地直送」である。「産直をやれば、物価の上昇を抑えることができる。労働者の暮らしもよくなるのではないか」。こんな単純な発想と経済的な動機から消費生活協同組合の必要性を認識し始めるのだ。

消費生協づくりには、もうひとつ狙いがある。食品の安全性である。

当時、食品加工業が急速に発展し、さまざまな化学物質が食品の腐敗防止や増量、さらに味付けや見かけ、包装などに使用されるようになり、その安全性が問題視され始めていた。農業の生産性をあげるために化学肥料や農薬が大量に使用される。合成洗剤のような新たな消費財の開発も相次ぎ、家庭の消費形態は一変する。

消費者にとっては消費財の価格とともに「食の安全」も大きな課題である。生協の組織化は、そんな勤労者福祉の一環から生まれたものでもあった。

1971(昭和45)年1月から県労福協の研究会を母体に県農協中央会なども加わって地域生

協づくりを本格的に始めた。

この時代。労働者の消費過程が激変しているにもかかわらず、全国の多くの労働組合はほとんどそこに関心を払っていなかった。しかし、滋賀県では労福協が労働金庫や勤労者共済生活協同組合、勤労者住宅生活協同組合などの設立に取り組んでいた経緯もあって、新たな消費生協づくりを主導することになった。

全国的には、消費生活グループを中心に消費生協が結成されるのが普通だ。細谷の労働運動団体を母体にした消費生協づくりは極めて珍しいケースである。

抜けがけの仕業

滋賀県での生協構想は、もともと大津・湖南地域をひとまとめにした大きなエリアの地域生協づくりにあった。ところが、設立直前になって事態は急変する。大津地区が突然「オレらはオレらでやる」といい出し、独自に大津市をエリアとする生協の立ち上げへ動き出す。その結果、1972（昭和47）年春、県内に三つの地域生協が誕生することになった。大津消費生活協同組合と細谷が主導する湖南消費生活協同組合、そして高島消費生活協同組合がそれだ。

県内で最初の大きな地域生協つくりで、その中心的な役割を担っていたのが北村良雄である。北村はチッソ守山工場に勤務し、細谷とは業務課で机を並べていた間柄だ。細谷率いる守山労組の分裂後、第二組合（同盟系）で役員経験を持つ。その北村が細谷の誘いを受けてチッソを退職し、労福協の専従スタッフ（事務局次長）になった。細谷は「北村君に任せて、2年にわたって設立準備を進めていた」。ところが、突然の「大津生協」設立運動である。「我々は置き去りになった。北村君の居場所もなくなってしまった」

細谷は窮地に追い込まれた。「仕方がない。我々だけでやる」。独自に湖南生協の立ち上げに転じざるを得なくなった。

それにしても、どうして当初計画していた一つの大きな地域生協づくりは頓挫してしまったのか。当時、生協の連合組織である日本生活協同組合連合会（日生協）と滋賀県経済農業協同組合連合会（経済連）、それに滋賀県の三者が「大津以外では生協の経営は成り立たない」という方針を打ち出す。その一方、労働組合の幹部には「組合が地域生協を運営する能力に危惧の念を持つ人々がいた」。

細谷は論文「生協運動と労働運動の接点」で、こう述懐している。

＜労働組合の幹部たちは、生協が事業として成り立つことに疑問を持っていましたから、その中では鬼っ子のような存在でした。（中略）地域の婦人を相手に、たべものを軸にして組織を一から創っていく発想は理解されず、その事業の将来性に疑問を抱かれたのみならず、事業を運動の転落と酷評する人も居りました＞

大津生協の理事長になった東野更生らは農協がバックで、「突然、外から来て勝手やろうとした」（細谷）。そこには「イデオロギーと利害が複雑に絡んでいた」と見る向きもある。真相ははっきりしない。ただ、こうした県内の生協設立の経緯は、その後の生協運動に大きな陰を落とすことになる。

やるしかない

湖南生協は1972年5月、細谷理事長、北村専務理事をリーダーに発足した。本部は栗東町野尻に置き、守山、草津、栗東、甲賀、八日市（現東近江）、近江八幡、蒲生など湖南、湖東地域で事業を展開する。エリアは広いが、組合員は353人と少ない。共同購入事業を柱とした「弱小生協」としての多難なスタートである。

湖南生協の発足時、つくった人たちでさえ確たる見通しがあったわけではない。「行きがかり上の意地も手伝って『やるしかない』と、試行錯誤を繰り返しながら始めた」。だが、「実際にやってみると、そんな簡単なものではなかった」と細谷。

湖南生協はズブの素人ばかりの集まりである。それに生協の基盤づくりが難しい中小都市での活動の開始でもある。日生協や県経済連の支援は得られない。店舗がないに等しいくらい共同購入に徹した生協である。

「それは苦難の連続だった」

湖南生協の特色は「安売り」だけではない。一番大事にしたのは「産直」である。新鮮で無農薬、安全な商品を県民に提供する。滋賀県の農産物はいったん京都や大阪の中央卸売市場に出て行ってから戻ってくる。それを「県のものは県のもとでやろう」と。

しかし、言うのは簡単だが、現実は厳しい。農家を回って頭を下げたからといって卵が集まるわけではない。味噌が出てくるわけでもない。問屋からは怒られる。「産直交流」なんてかっこいいことはとても言えない。「しょう油と牛乳にはほんとうに苦労した」。そんな中で、こちらの苦境を察してか、「分けてあげましょうか」と、農家の方から出してくれはじめる。生産者と消費者の新たな交流が芽生え出していくのだった。

新しい連帯

湖南生協の創業10年。細谷は「雑草《あらぐさ》のごとく――湖南生協10年のあゆみ」で、生協運動を振り返り、さらに次代を展望して、こう記している。

＜全国せっけん運動に、大きな刺激を与えるという仕事を成し遂げながら、湖南生協は10周年を迎えることができました。

生活協同組合に全くズブの素人が、生協の基盤が作り難い中小都市で活動を開始したのですから、他人から見れば無謀な試みと見えたに違いありません。また活動の内容も、試行錯誤の繰り返しが何年も続いたので、組合員から見て危なっかしくて仕方なかったでしょう。しかし悪条件の中でズブの素人が、自分の眼で見、手で確かめ、考えながら進んで来たからこそ、逆にいえば、揺るぎのない基礎ができあがったといえましょう。

今、生産者と直接かかわって、商品委員会なり、支部運営員会なりが中心になって組合員は活動しています。いずれもズブの素人が、問題解決にむかって格闘しているのですから、本人たちの自意識とは無関係に、人びとの眼には、無骨で、荒けずりで、スマートさのない生協として映っているに違いありません。

しかし、そこには生命が躍動しています。日々、創造が行われています。新しい道を切り拓いていくエネルギーがあります。

現在は、農民が農業に絶望し、漁民が船を手離す時代です。にもかかわらず湖南生協の産直活動に参加している生産者たちは、確かな未来を見出しています。新鮮で、安全で、美味で、流通経費を節減するというこの結びつきは、年々太くなっていくと見通せるからです。いろいろ困難があっても、それを乗り越えていこうという気分は、この未来への確かな見通しから生じてくるものです。（中略）

ところで、生産者と消費者の結びつきは、お互いが「生活する人」としての次元で交流し合った時、全く新しい人間の連帯が生まれてきます。
この新しい人間の結びつきは、努力すれば、必ず各人の生活の充実と高まりを生み出すことになります。みんなが協力して確かな基礎のうえに、より多くの人びとが参加する生協に創り上げていきましょう〉

アオコの発生

創業時の苦難を乗り越えた湖南生協。15年後の1987(昭和62)年には、組合員1万1000人、出資金2億3000万円、年間供給高29億円に拡大した。

「滋賀県は農業地域。地元で数多くの生産者に出会え、安全な食べものを求める人びとのネットワークができてきた。それに琵琶湖の汚染を『せっけん使用』で立ち向かおうという運動が鮮明にあったことが、湖南生協の成り立ちを可能にしました」(「生協運動と労働運動の接点」)

その琵琶湖に再び異変が起きていた。

1983(昭和58)年9月、こんどはアオコの発生だ。赤潮もアオコも植物プランクトンの異常発生で起きる。アオコは「水の華」とも呼ばれるが、ミクロキスティスなど毒性の強いやっかいなプランクトンがかかわり、かび臭や魚の大量死につながる。

赤潮からアオコへ。このころになると、せっけん運動はすっかり下火になっている。アオコの発生は、琵琶湖の富栄養化が静かに進んでいることをあらためて世に知らせた。

のちに環境生協を立ち上げた藤井絢子は自らの編著『菜の花エコ革命』で記す。

〈赤潮が連続して発生していることから、せっけん運動が広がったぐらいでは琵琶湖の富栄養化が改善しているとは思ってもいませんでした。しかし、アオコが発生したことは、琵琶湖の水質悪化が危機的状況にあるということを示しています。「大きな壁にぶつかってしまった」という気分でした〉

「せっけん運動」、そしてリンを含む合成洗剤追放条例（琵琶湖富栄養化防止条例）の制定に道筋をつけてきた細谷は、琵琶湖の汚染進行に常々警鐘を鳴らし続けていた。それだけに「心配していたことが早くも現実になった」

せっけん運動を組み立てるなかで、細谷は琵琶湖の汚染の原因をきちんと押さえていた。

「一般市民は被害者だけでなく加害者にもなっている。水質悪化は一部の人々とか、ある特定の事業所とかに原因があるのではない。さまざまな形ですべての県民がかかわっている。それは単に合成洗剤の使用を中止すれば解決するものではない。し尿処理はじめ生活排水すべてで見直しが必要だ。工場廃水も農業排水も琵琶湖を汚している」

そのころ、滋賀県は下水道政策の柱に単独浄化槽の設置を据えていた。しかし「単独浄化槽はし尿を処理するだけ。家庭雑排水はタレ流し状態」である。細谷は琵琶湖条例を審議した県議会の公聴会で、滋賀環境会議の意見として「家庭用単独浄化槽の窒素、リン規制をどのようにしていくか」と、さらに踏み込んで問題提起をしていた。

細谷はすでに、「せっけん運動」の先を見ていた。

単独浄化槽から合併浄化槽へ

当時、滋賀県の一般家庭では「汲み取り」よりも「水洗化」の要望が多く、し尿だけを処理する単独浄化槽が急速な勢いで普及していた時代である。

下水道の水質基準では出口でＢＯＤ（生物化学的酸素要求量）20ppm以下と規定されているのに対して、この単独浄化槽の基準は下水道の４・５倍に当たるＢＯＤ90ppm以下となっている。しかも、さらに汚染度の高いＢＯＤ180ppmといわれる台所、洗濯、ふろなど家庭雑排水は未処理のまま河川など公共水域に流されていた。

このころの単独浄化槽の設置数は、はっきりしないが、保健所への未届け分も含めると数万基が設置されているという。これでは河川の自然浄化力では対応できない。しかも設置している家庭は浄化槽の基礎知識すら乏しく、浄化槽の日常的な管理は何もされていない。

こんな話を聞いた。

「排ガス規制のない車を運転技術のまったく未熟な人が乗り回しているようなもの。この車が街の中にあふれかえっている。街が高濃度の排ガスに汚染されているという状況が琵琶湖汚染の比喩である」

そこで、湖南生協では「個人下水道」ともいわれる合併浄化槽の普及を新たな琵琶湖を守る運動のもう一つの柱に据える。単独浄化槽から合併浄化槽への転換が狙いである。30年前の「碧い琵琶湖」を取り戻すことを目指して、市民だけでなく行政にもきちんと向き合ってもらう。そのために、家庭汚水浄化システムの早期確立、とりわけ合併浄化槽の設置促進を滋賀県に求める請願運動を計画した。

名づけて「よみがえれ琵琶湖」請願署名運動である。

その先頭を走ったのが藤井だ。リンを含む合成洗剤を追放する「条例ができてからせっけん運動で示した市民の力がストンと落ちていく。そんな中で、何が琵琶湖を汚しているか。やはり原理原則が大事。水の流れに逆らって、川の上流から見てみなあかん」と、川上を歩いた藤井。そこで目にしたのは、水にへばりつくようにある水洗トイレの単独浄化槽だった。「せっけん運動ぐらいじゃ琵琶湖はダメになるということがすぐわかった」

34万人の請願

藤井は2008（平成20）年12月3日付の京都新聞企画記事「あの日あの時　環境生協運動

③」で、こうも語っている。

＜流域下水道の欠点は、家庭から出た水の行方が見えないことです。排水の結果責任をだれも感じずに済むような方式は琵琶湖再生につながらない。私たちはそう訴え、(中略)県に単独処理浄化槽の禁止を求めました。「不可能です」とにべもない返事でした。事態打開のきっかけは、意外なところからやってきます。

1987年秋、重度心身障害児施設、第一びわこ学園の移転費支援イベント「抱きしめてBIWAKO」です。私たちも参加して計26万人が手をつなぎ、琵琶湖を取り囲みました。大成功した「抱きしめてBIWAKO」に、私たちは勇気づけられました。この熱気が冷めぬうちに、と取り組んだのが、翌年の「よみがえれ琵琶湖」運動です。合併槽の設置促進を求める請願署名を広く県民に呼び掛けました＞

アオコ発生から5年。「よみがえれ琵琶湖」の請願書が1988(昭和63)年10月、滋賀県議会に提出され、全会一致で採択された。消費者団体や労働団体など「呼びかけ人会」(柳原正典代表世話人)が集めた署名はなんと34万人にのぼる。

当時、県人口は120万人。その4分の1を超える県民が賛同したずっしり重い請願だった。

藤井は「採択された意味はとても大きい」として、こう評価した。

「市民も琵琶湖の水をきれいにする責務を負うが、滋賀県、行政自体が流域下水道だけに頼らず、農村集落排水、コミュニティ・プラント、合併浄化槽と、暮らしに合った水処理施設をきちんと整えていく。そのための政策化、条例化の責務を負ったのです」

この請願運動は１９９６(平成8)年7月、合併浄化槽の設置を義務づけた県の「みずすまし条例」制定となって結実し、環境生協設立への直接的な契機ともなった。

生協運動の研究

湖南生協設立から15年目。時代が大きく変わる中で、細谷は新たな生協運動の道を模索し始める。

その母体となったのが１９８６(昭和61)年12月に発足させた「協同組合運動研究会」である。その前年、湖南生協に「長期ビジョン委員会」を設けて討論する中で、「協同組合こそが社会を変える」という細谷の思想をどう新たな協同組合運動につなげるか。その研究に重層的に着手したのだ。

湖南生協は「食べものの生協である」。この基本を踏まえたうえで、今日の社会で焦眉の課題となっている「福祉」、「環境」、「文化」、「婦人と労働」などの分野において生活協同組合をつくることで、「課題の解決がはかれるんじゃないか」食品公害がきっかけに、自らの生活の基盤をなす「食べもの」の諸問題を合成やメーカーに解決を求めるのではなく、「自らの力で経済的に成り立たせながら対応していくという協同組合の問題解決の手法をこうした生活と切り離せない分野の問題で活用できないか」

これが細谷の視点、新たな生協運動の考え方、方向である。

この研究会は、いわば滋賀県での異業種交流の走りでもある。湖南生協内部の狭い議論にとどめず、生協づくりの母体となった労福協や労働組合、さらに環境や文化、社会福祉などの分野の第一戦で活動している団体の代表者をメンバーに加えて、それぞれプロジェクトごとに分かれて研究を積み重ねた。

そして議論が進み、プログラムとして浮上したのが、「環境生協」であり、「しみんふくし生協」である。全国初の専門生協の設立へ動き出す。

問題解決の手法

こうした取り組みの背景には、細谷独自の「生協観」がある。『うまれる　つながる　広がる——湖南消費生活協同組合の20年』で、細谷は語っている。その要旨はこうだ。

〈生活協同組合ほど社会的問題を解決する手法としていいものは他にない。すばらしい組織である。しかし、生協は半端な生まれ方をして、世間的にいえば「食べ物にうるさいおばさんの集まり」、あるいは「特定の政治勢力の代用に使われている」という評価を受けている。これは誤解である。この二つの誤解を解いて「生協とはこんなにいいものだ」ということを理解してもらい、より多くの人に参加してもらいたい。

そこで、環境や福祉といったわが国の最大の課題であり、みんなが共通認識を持てる問題について、生協はどんな役割を担い、どんな仕事をするのか。そこを明確にして「ぜひみんなに参加してもらう」という形でやれば、より客観的に生協を認識してもらえる〉

ここに細谷の戦略的意図がうかがえる。

細谷は「協同組合社会をつくりたい」のだ。湖南生協の基本的な考えは「生協の原理・原則に忠実であること」。つまり生協は「出資」、「利用」、「運営」の三位一体からなっている。みんなで何かをしようとするとき、必ず三位一体で議論する。「これをやろう」、「それじゃカネを出そう」、「みんなで運営しよう」、「その成果はみんなで配分しよう」。こうした生協の論理で世の中が動き出せば、「日本はすばらしい国になると思う」

これが細谷の心のうちだ。

そこで、すばやく立ち上がったのが「環境生協」である。翌1987（昭和62）年8月に協同組合運動研究会から事務局を独立させ、環境生協設立研究会を発足させた。

(2)環境生協

環境の外部化

わが国初の専門生協である滋賀県環境生活協同組合が1990(平成2)年3月に誕生した。本部を安土町(現近江八幡市)に置いた。安土は天下統一を目指す織田信長が安土城を築き、中世から近世への扉を開いた地。環境生協もこの安土から新しい「環境の時代」をつくり上げ、全国に、世界に発信する決意を込めて本拠地に選んだ。

「環境に特化した生協をつくる」

細谷にとって「琵琶湖を守る運動」の要となる組織づくりである。

目的は二つ。一つは「せっけん運動」のいっそうの推進である。琵琶湖富栄養化防止条例の施行(1980年7月)後も琵琶湖の水質は目立って改善していない。合成洗剤追放の条例化で「これは『勝ち戦だ』と思ったとたん、洗剤メーカーはパッと無リンを出してきた。早くから研究・開発をやっていたのだ」。せっけん運動も開始から10年たつと、せっけん使用率は31%（1988年）まで下がる。ピーク時の半分以下である。あらためて「みんなの手で粉せっけんを生産し、使う運動」を進めなければならない。

いま一つは合併浄化槽の普及である。し尿を処理するだけの単独浄化槽ではなく、台所、ふろなど家庭から出る雑排水も一緒に処理する合併浄化槽に切り替える。行政が進める大規模な流域下水道方式を下から覆していく運動の展開である。

草の根運動の拠点に

環境に特化した専門生協をつくる細谷の狙いは、実はこの日本の風土に合った二つの運動を「市民自らが生活を変えていく草の根運動にする」ことにあった。

そのために、どのように運動組織を再構築すればいいかを考える中で、生協も労働組合も住民団体もこれまでの活動をいったん整理する。そのうえで、湖南生協のあり方、とくにせっけん運動を支える「琵琶湖を汚さない消費者の会」に深くかかわり、重要な役割を担ってきた湖南生協の環境活動をどのように組織替えにつなげていくか。そこが最大のポイントであった。

細谷が打ち出した方針は「湖南生協の活動から環境部門を分離独立させる」である。そして、せっけん運動―家庭で捨てられる廃食油を回収し、それを原料に粉せっけんをつくり、合成洗剤の代替品として普及させていく運動を新たにつくる環境の「専門生協」へ移管する。

「『環境』を内部化するのではなく、外部化することによって、みんなが見えるような形にしてやっていくことで、せっけん運動を活性化させたい」。細谷が提起した「環境生協」創設の発想はここから生まれた。細谷独自の運動論からユニークな「環境生協」が見えてきたのだ。

全国で初めて

滋賀県環境生活協同組合の正式な発足は滋賀県知事の認可が出た翌1991(平成3)年1月である。組合員約2000人でスタートし、全国的に大いに注目を集めた。

湖南生協の常務理事から環境生協の理事長に就いた藤井は、細谷から創設準備を託されていた。その藤井が振り返って話す。

「当時、『環境で生協? 食べものではなくて成り立つのですか』。これが国の最初の反応でした。厚生省は『2000人も集まりますか』。地域生協は組合員300人を集めてはじめて設立できるので、専門生協の2000人はすごい数だったが、細谷さんの関係もあって生協はもちろん『抱きしめてBIWAKO』や『よみがえれ琵琶湖』でともに行動した労働団体の共感が大きかった。

毎日、メディアが取材に来ました。それがずいぶん功を奏して、テレビに出るわ、雑誌に出るわ、講演に飛び回るわ、の日々でした。そのメディアを通して環境生協が全国に広がる。県内からも『合併浄化槽をつけてみたい』とか、『合併浄化槽の学習会をしたい』といった話がずいぶんきました」

事業は4本柱

専門生協である環境生協は、地域生協である湖南生協と違って事業活動の領域が全県に広がったことで、大津、湖南、東部など各地域ごとに担当者を配置するなどして始動した。

事業の中心は湖南生協から引き継いだせっけん運動を全県的に展開することと、合併浄化槽の推進である。

とくにせっけん運動は新たにリサイクル事業として位置づけ、牛乳パックにも目を向ける。ドイツで学んだ「環境にこだわった商品」の開発・販売、それに太陽の熱や光を利用するソーラーから始めたエネルギー。この四つが事業の柱である。

この1990年代初頭。国際的には1992(平成4)年6月、ブラジル・リオデジャネイロで国連の「地球サミット」(「環境と開発に関する国際会議」)が開かれる。人類の共通課題である地球環境の保全と持続可能な開発の実現に向けて、気候変動枠組み条約や生物多様性条約が提起されるなど時代の大きな転換点にあった。うぶ声をあげた環境生協も新たな「地球時代」を先取りする事業を見据えて、世に出ていった。

市民の科学者

「環境生協は任せるよ」と細谷にいわれ、いつも先頭になって引っ張り続けた藤井は、新たに取り組んだ主な事業を振り返って、こう話す。

「環境生協にとっておカネになる事業は合併浄化槽です。それが売れないと環境生協の事業は成り立たないほどだったのです。合併浄化槽の設置に当たって厚生省（現厚生労働省）は1987（昭和62）年、家庭の雑排水対策を求める『よみがえれ琵琶湖』請願署名運動に応えて、個人の家の設置に初めて補助金を出しました。それまで国が個人の財産に補助金をつけることはなかったのです。この国の措置に滋賀県も続いて補助制度をつくったので、国と県でそれぞれ3分の1ずつ負担する財政的な仕組みができました。これで個人の負担は残り3分の1で済みます」

合併浄化槽の設置費用が300万円かかるなら個人の負担は100万円でいい。150万円であれば負担は50万円で済む。湖南生協が主導して進める単独浄化槽から合併浄化槽へ切り替えで大きな障害となっていた「負担の壁」が低くなる。そうはいっても合併浄化槽の価格は100万円台と高額である。一袋せいぜい700円ぐらいのせっけん運動とはわけが違う。

「母ちゃんだけの運動ではとてもダメ。家族全部、父ちゃんも巻き込んで琵琶湖に向き合わないかん。そこで家族を含め地域ぐるみで取り組む運動に変えていく」

藤井は続ける。「各家庭に合併浄化槽を売り込む営業活動は厳しい戦いが続き、いつでも、どこでも合併浄化槽メーカーと競合しました。メーカーは『うちはこれでやります』と、のしをつけてやってくる。ものすごい戦いでした。こっちは何もできない。私たち自身もプロにならなきゃならない。きっちりメーカーに向かって話せる、行政にもしゃべれる『市民の科学者』にならないと、環境生協のメガネに合った高水準の合併浄化槽の普及はできない」

そこで、環境生協のネットワークの中に浄化槽整備士の国家資格を持つ女性を入れる。自ら資格を取得するため猛勉強する。一方で「試験を受けませんか」と国家試験に挑む人の輪を全国に広げる活動も進める。合格率10数%の超難関だったが、全国のあちこちで女性管理士、市民管理士が生まれた。環境生協が合併浄化槽の設置に対する国庫補助の道を開いた。そして「藤井さんは一軒一軒回って単独浄化槽をチェックしながら合併浄化槽の設置を進めていった」（細谷）。

しかし、単独浄化槽から合併浄化槽への切り替えは、そう簡単には進まない。単独浄化槽があれば「トイレは水洗で、流せば済む。便利ですからね」（藤井）。それに罰則もない。行政も非常に甘い。滋賀県内にはまだ5万基も単独浄化槽がある。

「それが琵琶湖を汚している」

次々に新しい事業

「せっけん運動」と並んでリサイクル事業の大きな柱となったのが牛乳パックの回収である。回収を始めた1991年当時、全国の回収量はたった1%。99%が「ごみ」の時代だった。環境生協は牛乳パックを回収して愛媛県川之江町(現四国中央市)の古紙再生パルプ工場に持ち込んで、再生紙の製品化へ乗り出す。

「滋賀県内の牛乳パックが焼却場に行かずに回収する。その仕組みづくりに、協力してくれたのが湖南生協と平和堂」(藤井)。回収ヤードに集められた乳パックを職員がトラックで四国のリサイクル工場へ運ぶ。そして再生した「おかえりティッシュ」、「ただいまロール」を積んで、帰ってくる。運送ルートにある京都、大阪、兵庫なども、このシステムに乗せてどんどん増やしていった。

この環境生協の動きを見て「全国牛乳パックの再利用を考える連絡会」(パック連)ができる。県境を越えた情報ネットワークもつくられた。それまで焼却ゴミだった牛乳パックを「リサイクルの原料として集め、商品にして返す」。牛乳パックのリサイクルシステムの原型はここから生まれた。琵琶湖で実践してきた「廃食油からせっけん」運動に続く新たな全国展開のさきがけとなる。

環境にやさしい商品を表示する「エコマーク」。その先べんをつけたのも環境生協である。環境庁は「そのヒントはドイツにある」というので、細谷、藤井らは1989年2月、当時の西ドイツに飛んだ。そこで「ブルーエンゼル」のマークのついた環境にやさしい商品にヒントを得た。

「私たちも環境にやさしいモノを使う暮らしを広げていく。消費者の意識を『リサイクルは当然』というライフスタイルまで高めていく」（藤井）として「水」、「土」、「緑」、「大気」、「自然エネルギー」にそれぞれこだわった商品ばかりを開発した。「おかえりティッシュ」や「ただいまロール」、「エコラップ」、雨水利用の「リサイ樽」などは独自に開発した代表格である。

消費者に寄り添う環境生協のエコグッズ開発は新たな動きにもつながる。1994（平成6）年9月、滋賀県が全国に先がけて、環境にやさしい物品を県庁で購入する「グリーン購入制度」を創設した。この動きは1996（平成8）年2月、「全国グリーン購入ネットワーク」が発足し、全国展開される。

市民の間でも「地球にやさしい買い物」、「環境にやさしい買い物」のガイドブックや環境家計簿をつくる運動へ広がっていく。

「協同組合こそ社会を変える」。細谷の生協運動論は全国各地で環境にかかわる人たちのチャレンジ精神をくすぐっていった。

リサイクル協会

「琵琶湖の運動を全国に」。細谷は1991（平成3）年2月、新たに環境生協が中核となる「リサイクルせっけん協会」を立ち上げた。環境生協の活動領域は滋賀県内に限定されている。協会は環境生協の理念や運動を全国展開する組織として設立した。いわば環境生協の全国版だ。

「琵琶湖問題を日本全体の問題、世界の問題として広げる足場がここなんです」（藤井）。全国で400から500にのぼる廃食油回収グループを束ねた。廃食油回収のシステムやせっけん製造の技術提供などを通して下火になって消えてしまいかねないせっけん運動を支え続ける。毎年、運動の原点である水俣で全国集会を開き、せっけん運動を先導していく。

リサイクルせっけん協会が手掛けた事業の中で、よく売れた環境機器がある。細谷が開発をリードしたせっけん製造の小型プラント「ザイフエ」だ。価格は1台100万円ほど。「全国で500カ所ぐらいにつけた。こんなに売れるとは思わなかった」と藤井。のちにプラントを専門に売る有限会社を設立したほどだ。

この小型プラントはタイや中国・北京など海外にも出ていった。開発途上国で貧困撲滅や雇用の創出など自立的な発展の支援活動に取り組むJICA（独立行政法人・国際協力機構）も現地で使う国際的なブランドになったという。

菜の花プロジェクト

1990年3月に設立宣言した環境生協。「湖南生協が物心両面の支援をしてくれた」(藤井)。だが、その道のりは決して平たんではなかった。「環境にやさしい製品を扱い、経営的にはなんとか成り立っていた」ものの、新たな問題も進行していた。

無リン合成洗剤の発売でせっけん需要が減る。その分、回収した廃食油が使われずにどんどんたまっていく。肝心のせっけん運動が新たな事態に直面していたのだった。藤井の「菜の花プロジェクト」は、こうした難局から芽生えた。2008(平成20)年12月5日京都新聞「あの日あの時　環境生協運動⑤」で、藤井は語っている。

〈ある日、新聞の小さな記事が目に留まりました。東京でてんぷら油を燃料にした車が走ったというのです。これだ、とひらめきました。

《てんぷら油など植物油は廃食油を含め、バイオディーゼル燃料(BDF)に変えられる。メタノールを加え、脂肪酸とグリセリンに分解してメチルエステルを取り出せば、軽油と混ぜて使用できる。排ガス中の硫黄酸化物や黒煙も、かなり抑えられる》

BDF先進地のドイツでの事情を調べてみると、すでに化石燃料代替のバイオ燃料として製造され、普及し始めていました。感銘を受けたのは、菜種油からＢＤＦを精製しようとしていたことです。『畑からエネルギーをつくるのか』と、目からうろこの思いでした〉

藤井は愛東町（現東近江市）の協力を得て、廃食油からＢＤＦを精製するプラントづくりに奔走する。耕作放棄地では菜の花栽培にも着手した。１９９９（平成11）年春、「菜の花の甘い香りに包まれたあの時の心地よさ、花の美しさ忘れられません」

菜種油を搾り、廃食油と混ぜてＢＤＦに精製、公用車を走らせる実験にも成功した。後に食と農とエネルギーで地域の自立を目指す「菜の花プロジェクト」として全国各地に広がる。「菜の花サミット」開催、「菜の花プロジェクトネットワーク」設立にもつながっていった。

細谷のいう軟水と植物性の柔らかい油が支えたせっけん運動。この日本の風土にあった草の根運動は、人と運動と地域が主体的につながる新たな地産地消の環境プロジェクトとして展開しはじめる。

碧いびわ湖

走り続ける環境生協。「環境問題はグローバル。国内どころか海外でもやりたい」。そう藤井はのぞむが、生活協同組合には１９４８（昭和23）年につくられた生活協同組合法があり、そこには「活動を制約する規定がたくさんある」。もともと地域生協を念頭に置いた古い法律だけに、「環境は生協法をはるかに超える。だけど、はみ出してはダメなんですよ」

例えば、生協は組合員のために組合員が出資してつくった組織。しかも組合員は「個人」しかなれない。活動エリアも決められていて、最大でも都道府県域に限られる。企業や自治体、県内の組合員以外の人、県外の人が、エコ商品や環境機器などを購入しようとしても買えない。団体や法人に合併浄化槽を納入したい、県外の人につけたいと思ってもできない。グリーン購入制度を導入した滋賀県庁が環境にやさしい商品を使いたいといっても取り引きできない。そんな、できない仕組みになっている。

環境を専門に設立した法人であるにもかかわらず、こうした限界がいろいろ出てくる。「『生協法を改正してほしい』と、国に何度も訴えました。しかし、残念ながら環境生協は滋賀県にしかなく、一つの県だけでは国を動かせませんでした。地球環境にかかわる活動を展開するうえでも殻を破る時が来たと感じました」と藤井は決断した。店じまいである。

全国唯一の環境生協は2009（平成21）年7月、新たに発足させたNPO法人「碧いびわ湖」（2009年6月設立、現近江八幡市安土町）に全事業を引き継ぎ、20年にわたる活動の幕を閉じた。

琵琶湖の社会化

環境生協が生活協同組合としてスタートした1990年代初め、この滋賀では、「せっけん運動が下火になる。新たな「抱きしめてBIWAKO」もない。市民がもういちど琵琶湖に目を向けようというモチベーションの全然ない時代でした」という藤井。「たぶんテレビのコマーシャル通りみんな合成洗剤を使う。単独浄化槽もつけっ放しの暮らしが当たり前。だから水を汚す構図には誰も気がつかない。出したものはみんな水に流れれば、それでおしまい。そんなことになってしまったかもしれません」

そんなとき、「協同組合って面白い組織だ」という細谷。「株式会社(企業)だと儲けだけに見えるし、市民グループ、任意団体だと力がない。みんなが出資して、自ら主体者として参加する協同組合こそが社会を変える」。環境生協はこの理念を掲げて生まれた。環境の問題が起きたとき、「企業の責任だ」、「行政がやってくれる」というお任せではなく、市民が当事者になって、解決の道をさぐる。

「自ら解決する手法と必要なおカネを生み出す仕組みを考えながらやっていかなければならない」。環境生協は、細谷のこうした運動論を実践し、「徹底して琵琶湖を社会化した。琵琶湖の問題を滋賀県の問題ではなく、せっけん運動連絡会やリサイクルせっけん協会を通じて全国化、国際化していった。アジアを巻き込んで展開した。それは細谷さんの力だと思う」と、藤井は語る。

環境生協が全国の環境運動、環境政策に大いに刺激を与えたことは、その活動の記録が示している。単にモノを売るだけの生協ではない。「琵琶湖を水俣のようにしてはアカンぞ」という細谷の意思を受け継いだ藤井。当時、手がつけられていなかった牛乳パック回収やエコマーク購入、そして菜種油をバイオ燃料に利用する「菜の花プロジェクト」など新たな環境運動を切り開いていった。

「環境生協はまさにパイオニア、フロンティアの役割を担った」と評価する細谷。さらに「NGOというのは、自分で主体性をもってやる民間の組織。行政と一緒にやれることはやったらいい。やれないところは自分らでやればいい。それが運動の主体性だ。だから私は『琵琶湖を汚さない消費者の会』をつくり、その延長線上に『環境生協』をつくった。かつて『琵琶湖総合開発反対！』といって運動を起こしたが、せっけん運動のように大衆基盤を持てなかった。運動を大衆化する、大衆レベルに広げることはすごく難しい。

私の運動論とは『少数派が多数派になる』ことです。今、環境問題は少数派の問題ではなく、多数派の問題になっている。滋賀県は『環境先進県』とか『琵琶湖問題でよくやっている』といわれる。しかし『よくやっている』ことと『問題が解決できている』ことには差がある。ここが課題なんです」

環境生協は道半ばにして幕を閉じた。「生協であれ、NPOであれ、細谷のDNAをどうつないでいくのか」。そこが難しい。

（3）福祉生協

市民のネットワーク

新しい生協運動の中で、細谷が環境生協と並ぶ専門生協として設立に熱い思いを込めていたのが「福祉生協」である。

そのきっかけは、あの壮大なイベント「抱きしめてBIWAKO」にある。心身に最も重い障害をもつ人たちの療育施設「第一びわこ学園」の移転建設資金を生み出そうと、1987（昭和62）年11月に開かれ、21万人もの善意と感動の輪が琵琶湖を包んだ。開催準備に手間取る中、助っ人として事務総長の大任を引き受け、歴史に残る市民イベントにしたのが、湖南生協理事長を務めていた細谷である。

このイベントで細谷は気づいた。「高齢化社会の到来を前に、年をとれば誰もいつかは障害を持ち、障害とともに生きていかなければならない。不安を他人と共有し、お互いに助け合い、高まり合う中で、自らの不安を軽減していく」。そんな社会を実現するには市民参加の福祉ネットワークが欠かせない。

細谷は「福祉生協」の設立を決意する。「福祉の社会化」、「社会の福祉化」を進める新たな拠点づくりである。

「あのころ、福祉に回す資金を出すためには経済のパイを大きくしなければならないと考えられていた。その一方で、地球温暖化や超高齢社会も重要で深刻かつ解決には急を要す問題として積極的にとらえる機運が起きていた。

環境や福祉の事業そのものが経済の活性化に役立つ。投資をして人を雇用するだけの価値がある。そういう認識も広がりつつあった。しかも、それまでの重厚長大型産業の過剰生産が行き詰まり、産業構造の転換、新しい産業の可能性が追求され始める。健康福祉産業がバイオテクノロジーや環境関連産業と肩を並べて、21世紀に向かう新しい成長産業に位置づけられ始めてもいた」こう振り返る細谷の「福祉生協」設立構想は、そんな時代を背に動き出した。

人間の尊厳を保つ社会

福祉生協づくりは当時、全国で動き出していた。

奥野哲士は「動き始めた『市民福祉』運動」(「地方財務」)で、ざっとこう記す。

〈ここ数年前から京都や神奈川、福岡、函館など全国数カ所で「福祉生協」づくり運動が始まっている。それは、ひとり暮らし老人の食事を宅配したり、通院の付き添いのほか、お年寄りの家庭、病気や障害をもった人のいる家庭に出かけて家事援助をするなど、市民の手で福祉サービスを担っていこうとする地域運動である。

「抱きしめてBIWAKO」を準備してきた人々を中心とした滋賀県では、1989(平成元)年5月、『生活サービス生協』設立準備会の名で、野洲町(現野洲市)に事務所を開設し、具体的な活動をスタートさせた。台所やトイレも改装して、町内のお年寄りを事務所の和室に招いて一緒に昼食しながら自然な形で話し相手や趣味の会をこしらえ、ときにはハイキングに出かけるなど週2回の楽しみの場を設けた〉

その年の11月、「生活サービス生協」の名称を「しみんふくし生協」に改めて設立発起人会を開き、新しい「生協」として本格的な活動に入る。そして翌1990年8月には大津、彦根など県内6会場で「市民福祉国際フォーラム」を移動開催し、すべての人が「人間としての尊厳を保ち、希望をもって生きられる『国際市民福祉社会』の実現を目指す」とした宣言を社会に、世界に発信した。市民福祉の「理念と行動」を世に問うたのだ。

「しみんふくし生協」

「誰かのための福祉」から「自分のための福祉」、「すべての人々による市民福祉」の活動を目指す。そんな理念を掲げた「しみんふくし生協」は、順調に滑り出すかに見えた。だが、思いもよらぬ壁に立往生することになった。

滋賀県知事の設立認可が下りないのだ。生協の設立には知事のお墨付きがいる。ところが、県当局は「出資金は1億円積みなさい」、「組合員は5000人集めなさい」と、高いハードルを突き付けて首を縦に振らない。

市民が自らの知恵と手さぐりで始めた福祉の地域運動は出端をくじかれた格好となった。

当時、隣の京都では「福祉生協」が発足している。どうして滋賀県では認可されなかったのか。「しみんふくし生協」の代表の任にあった細谷は、こんなふうにみていた。

「福祉には『営利を追求してはいかん』、『カネ儲けをしてはならん』という考えが根底にある。第二次大戦後、『弱者の救済』は個人の善意に頼るのではなく、社会が担うものであり、必要な費用は公費（税金）でまかなうという制度が確立した。つまり福祉事業は公的サービスで

「市民福祉」宣言

- 「福祉」はすべての人々が生きて行くために不可欠な関心事である。
- すべての人々は年をとり、障害とともに生きて行かねばならない。
- 障害を持って生きて行くには誰かの手助けが必要である。
- 高齢社会は世話をする家族も高齢化し、なんらかの障害とともに生きて行くことになる。
- 従って家族による高齢者のケアは限界がある。
- 高齢者のケアは社会システムのバックアップが必要である。
- 私たちは今後も、どのような社会システムが可能かを海外の経験に学びながら真剣に議論し、行動していくことを確認する。
- 同時に私たちの生活環境が心身に障害を持つものにとって住みよい環境かどうかを地道の点検し、障害者やお年寄り、こどもたちにやさしい環境づくりを考え、高齢社会にふさわしい生活環境、まちづくりを進めるために積極的に発言し、行動して行くことを確認する。
- 私たちは国や自治体に対し、高齢社会のシステム、施設とその運営について計画段階から市民参加を求めるとともに、私たち市民自身も近隣社会で互いに手助けできるネットワークを築いて行くことを宣言する。
- 私たちは体や心に障害を持った人々、お年寄りやこどもたち、戦争や飢餓、病気や差別で苦しんでいる世界の人々の声に耳をすませ、健康障害や経済的な苦痛からの解放を目指すとともに、障害を持っていても人間としての尊厳を保ち、希望をもって生きられる「国際市民福祉社会」の実現を目指すことを宣言する。

1990年9月2日

市民福祉国際フォーラム実行員会

あり、その提供は行政が直接やるか、行政の委託を受けた社会福祉法人がやるか、この二つの道に限られていた。

ただ、こうした税金で福祉事業を行う仕組みには制約がついて回る。なにより予算の枠内でしか事業はできない。いくら利用する側のニーズがあっても予算がなければ実施されない。そこでは『需要が供給を引き出す』という市場原理が働かず、逆に『供給が需要を抑制する』ことになる。人口が減少する。少子高齢化は進む。そんな社会にあって、行政だけでやるには無理がある。『社会の福祉化』、『福祉の社会化』は、自助だけではできない。公助だけでもできない。市民が互いに寄り添い、助け合って生きて行く共助の道。それが『福祉生協』である。福祉を利用する人も、福祉に携わる人、介護や生活支援の知識や技能を持つ市民みんなが出資し、互いに助け合う新しい福祉の道である」

そう確信していた細谷であったが、滋賀県は細谷の目指す第三の道を拒み続けた。

そこには福祉の制度上の問題とは別に、「滋賀は福祉の先進県。近江学園や湘南学園など全国に先駆けて取り組んできた社会福祉法人がある。なにも生協がやらなくてもいいのではないか」。生協の「福祉参入NO!」という滋賀県の考えと対応の背景には、そんな県の福祉風土と「官の論理」が働いていたのかもしれない。

24時間保育

「しみんふくし」は無認可のまま「生協」の看板を掲げて活動を展開する。それもNPO（特定非営利活動法人）に衣替えするまで10年も続いた。宙ぶらりん状態のまま介護や生活支援、保育などの事業を地道に広げていった。

細谷は当時、中日新聞のコラム「コーナーキック」（1997年2月21日付）で、「しみんふくし生協」の活動の一端を紹介している。

〈事業の柱は、なんといっても「ホームサービス」です。看護婦の資格をもっている人やヘルパーの研修を受けた人々がその担い手ですが、年々増え、現在では93人が活動しています。ホームサービスの内容も、また対象者も多様です。高齢者の介護、家事援助、送迎などが軸になっていますが、障害者、妊産婦、父子家庭などへのサービスもし、昨年1年間の実績では、109の家庭に延べ1万3400時間を超えるサービスをしました。

保育事業として1991（平成3）年に開設した「しみんふくし保育の家」の特徴は、野洲病院（157床）と契約を結んで、職員（おもに看護師）の子どもを24時間保育していることです。もちろん、地域からの要望も受け付けています。夜勤の仕事が多い人は、職場に隣接した保育所が夜間、泊まりの保育を行っていることに大きな安心感を持たれています。

そして、1996年から手掛けている仕事に給食事業があります。保育所の子どもたちや保母さんに食事を提供することを基礎に、ホームサービスに出向いている家庭の必要に応じて、昼食、夕食の出前もはじめました。アトピーの子ども用の献立をつくったり、配慮の行き届いた給食が行われています〉

ちょっとずつ助け合い

「しみんふくし生協」は、行政の福祉施策を待つ受け身の姿勢から転じて、市民自ら持っている力を少しずつ出し合い、助け合い、支え合うネットワークをつくっていった。地域の人たちが力を合わせて困難な課題の解決の道を探る共助の取り組みである。しかし、市民の理解はなかなか得られない。

当時、湖南生協の理事（文化担当）をしながら運営委員として「しみんふくし生協」に参画し、活動を支え続けた成瀬和子（現社会福祉法人「しみんふくし滋賀」副理事長）は、振り返って話す。

「『抱きしめてBIWAKO』のころ、精神的、身体的、経済的に困っている人によくお出会いしたが、『これは行政だけがする仕事ではない。みんなで助け合っていかないと。そのためにも市民の中に福祉の組織がいる』。開催準備をしながらそんな話をよくしていました。ちょっと助けがいるとき助け合う。自分が病気になったとき、ちょっと子どもを見てほしい。

仕事で留守をするとき、介護を受ける母をちょっとだけ見てほしい。みんなでちょっとずつ助け合っていけば、いろんなことができる」

「しみんふくし生協」への理解や関心を広げるために、成瀬はいろんな人が集まる会合に出掛けて話をした。そんなとき、こんな声にたびたび接したという。「あんたら親不孝推進団体やなあ。介護は長男の嫁がするもんや」と。長男の嫁といっても働いている人もいる。ちょっと休みたいときもある。そんなとき、ちょっと手助けするだけなのに「長男の嫁がすることを、おカネを払って他人にしてもらう。それに加担することは親不孝を生み出すということや」

当時、1990年代。すでに「平成の時代」に入っている。それでも「そんな意識が地域社会に根強く残っていた」という成瀬。こんなこともあった。「ホームヘルパーが『これから行きます』と連絡すると、『ヘルパーでござるという顔をしてきてくれては困る』。車で訪問すると『家の前に止めてくれるな。ずうっと向こうの方に止めてきて』と。『嫁さんがお母さんの世話をせんと誰かにやらせている』といった陰口でも心配したのでしょうか」

法人化を探る

そんな時代の背景や意識が残る中で、「何かあったら助けてね」、「何かあれば助けてもらえる」という「しみんふくし生協」。ホームヘルプサービスでは、「困っている人がいたら何でもかんでも引き受けた。断っていいのは▽高度の専門性を要する医療に近いもの▽危険なもの▽ヘルパーがいないときの三つだけ」と成瀬。「日常生活の支援なら、お風呂に入れる、おむつを交換する。イスに座らせる。一緒に食事をする…何でもしましたよ」

利用料金は1時間900円。対象の会員（組合員）は最大時で2800人、年商にして4000万円から5000万円にのぼるまでに〝成長〟した。

「ちょっとずつ助け合う心」を大切に運営した「しみんふくし生協」だが、90年代後半、大きな転機を迎える。法人化の問題である。

細谷は「市民相互の助け合いによる社会の実現に向けて生活協同組合の設立を目指した」が、無認可のままである。ゼロから出発した組織と活動はどんどん広がり、大きくなっている。「いつまでも無認可ではアカン、任意団体ではだめだ。何の資産も持てない。ちゃんと法人格を持ちなさい」。公認会計士の厳しい助言もある。

社会の信頼を担保するうえでも法人化の議論は避けられない。では、どう法人化して行くか。当初の方針通り生活協同組合としての法人化をあくまで目指すのか、それとも新たに法制化が進むNPO（特定非営利活動法人）として法人格を得るのか。

細谷は考えた。そして「経営内容の公開性や利益の社会還元を義務付けるNPO法人の方が福祉事業を運営する主体としてふさわしい」と判断する。

「しみんふくし生協」は1999(平成11)年4月、NPO法人「しみんふくし滋賀」に生まれ変わる。滋賀県の認証を受けたNPO法人の第1号となった。法人格をもったことで、「しみんふくし滋賀」は2000(平成12)年から始まった介護保険事業に参入する道も開かれた。任意団体の比べ事業者としての社会的な信頼は一段と高まっていく。

そして第三の転機は社会福祉法人化である。〝生協時代〟時代から手がけていた「しみんふくし保育の家」。2005(平成17)年、NPO法人として県内初の認可保育園になった。24時間、365日開いている病院の院内保育でスタートし、地域の子どもも預かってきた実績と信頼が花開いたものだが、それもつかの間、また新たな「法の壁」に進路を阻まれる。

野洲市が待機児童の解消策として保育施設の開設を公募する。

「うちが手をあげ、つくることになった」と成瀬。「ただし、保育園をつくるにはおカネがいる。しかし、NPO法人では補助金がでないので、土俵にも乗せてくれない。それで仕方なく社会福祉法人にした」。2017(平成29)年8月のことだった。

（4）新しい運動

「文化生協」

「協同組合が社会を変える」。細谷にはやりたいことは山ほどある。そのあふれる思いをよそに、手を伸ばすことができない、もどかしさのつのる運動、活動もあった。

当時、女性の社会進出や週休二日制が急速に広がる中で、細谷の「文化生活協同組合」設立構想は、「運動として労働時間の短縮を目的にし、事業として自己実現に要な訓練や資材を取り上げる」ことにあった。「週休二日制における勤労者の生活が文化生協の領域にできるのではないか」との発想からである。

この「文化生協」に惹かれる人は湖南生協でも少なくなかった。しかし、構想倒れに終わってしまった。

「音楽や教育、チケット販売などを主たる事業としておカネを稼げる、回していけるようなことにはならない」。運動と事業を混然一体に進める細谷の先行モデルに収斂しなかったからだろうか。それでも細谷は「文化的な活動は必要だ」として、生協の活動に新たな足跡を印している。

米の博物館

1980年代後半のころ、湖南生協で「文化生協」の担当理事を務めていた成瀬らは、料理文化委員会を舞台に食文化活動を活発化させていた。

20人から30人ほどのメンバーで構成され成瀬が委員長になった。生協の商品（食材）を使ってイタリア料理やスペイン料理、中華料理、日本料理などにチャレンジし、広く組合員に提案していく活動だ。

その集大成として料理本『米の博物館』（湖南生協編）が1992（平成4）年3月に出版された「米はバリエーション豊かな調理ができる食材です。様々な米の食べ方、味覚が世界中にあることを知ってもらうために作った。手取り足取りの親切な料理本ではない。料理のヒント集。皆さんの食卓に新しい料理が一つでも増えることを願って編集した」と、本は記す。

京都・木屋町の割烹「めなみ」の主人・山本一郎の指導に沿って、ご飯の味付け、餅とだんご、すしなど調理から料理にまつわるエピソードなども紹介。何よりも写真家・藤澤了の鮮やかなカラー写真をふんだんに添えて、五感で楽しむ料理本となっている。

活動は料理本の出版にとどまらない。細谷らは本物の「米の博物館」設立へ動いていた。

滋賀県は米どころ、近江米の産地である。米はいつごろ、どこから来たのか。その稲作の伝来や米の種類、滋賀の風土が育んだ近江米の一生と稲作文化などを学ぶ。農具や農薬の展示から研究者の講義なども受けられる。昔ながらの田植えをし、刈り取り後には、米を炊いて一緒に食べる。そんな農家とコメ文化に親しめる体験型施設も備えた博物館構想をまとめ、滋賀県庁に持ち込んだ。

滋賀県は1996(平成8)年10月、大津市の琵琶湖大橋西詰に道の駅に併設するかたちで「米プラザ」をオープンした。米情報を発信する拠点施設というよりは近江米の展示、販売が中心である。「博物館機能には遠い。企画書は通らず、残念な結果になった」(細谷)。

これからは食文化

この「米の博物館」構想は、細谷が模索する新たな「生協の姿」と重なり合っている。「これからは食文化を語る生協になる時代である」(細谷)

生協の抱える問題は時代とともに変遷する。戦後の生協の歴史を振り返ると、「第一期は『栄養』が中心。第二期は『食の安全』だ。」この食べ物の安全性については、生協だけでなく行政も厳しく対応し、社会的な合意もできてきた。では、これから生協が問われる問題は何かといえば、「それは食文化の問題である」と、細谷はいう。

グルメの時代、「グルメが食文化の究極のようにいわれるが、それは文化でもなんでもない。退廃そのものです。『個食の時代』といわれ、家族がバラバラになってきている。食文化とは食べることを通して人間関係が深まっていくことである。食材を通して人間関係をどのように深めていくかを考えよう」。『うまれる　つながる　広がる―湖南消費生活協同組合の20年』でそう語る細谷。だからこそ、米の博物館構想を世に打ち出すことで課題を示したのである。

細谷は、さらに新たな問題も提起する。「食文化の問題は、暮らしの中で一人ひとりの健康の中にあらわれる。それが歯です。子どもの歯にリアルにあらわれている。食べ物が原因だという研究者や実践家はたくさんいる。この話をすると若いお母さんたちはギクッとする。食べ物を扱う生協という集団にとって重要な問題である」。そして「生協はいま歯の問題も含めて食文化の問題を解決するための運動を組み立て直さなければならない」

「地域誌」の発刊

武村県政が2期目に入った1978(昭和53)年ごろ、湖南生協の理事長をしていた細谷は、地域情報誌「市民と自治」を滋賀県自治研究センター(のちに「市民と自治研究センター」に改称)

の機関誌として発刊した。「ピープルプレス」の前誌である。

のちに編集に携わった奥野の話によると、発行のいきさつは大筋こうだ。

「当時、近畿の府県では、かなりの地域誌が市民の間でつくられていたが、滋賀県には県域をカバーする地域情報誌はなく、細谷が発行に踏み切った。

ちょうどそのころ、大規模な赤潮発生を契機に『琵琶湖を守る粉石けん使用推進県民運動』県連絡会議が結成され、琵琶湖の富栄養化を防ぐための県民運動がスタートするなど『市民力』が試される大きな節目の年でもあった。

武村県政が誕生するまでの滋賀県は保守王国といわれ、県民の意識も『お上任せ』といった風潮が濃厚だった。新知事の誕生後には行政を巻き込む『土地ころがし事件』が明るみになり、県庁の金庫も空っぽの状態だったことが判明するなどしている。県民意識の覚醒が求められる。その一方で、全国的には村おこし、地域おこしが盛んにマスメディアに取り上げられ、県民、市民の主体的な地域づくりが社会に求められるという時代背景もあった」

滋賀自治研究センターは、こうした滋賀県の現状打破、時代の要請に応えるために、市民自身の取り組みが必要であるとして、自主的な勉強会として発足した。そして県内はもとより県外からも先進例を学ぶために研究者や行政関係者などを招き、勉強会、意見交換会を積み重ねながら、そのつど報告書的な機関誌として「市民と自治」を不定期に発行し、細谷自ら編集に当たった。

地域ジャーナリズムの灯

この機関誌の発行は実に42回にのぼる。だが、県内自治体の若手職員を中心にまちづくりの機運が高まり始め、こうした動きを県民に伝える情報の発信力、ネットワークが欠かせなくなり、細谷は月刊誌としての発行に踏み切る。同時にタイトルも『市民と自治』はかたすぎる」として、思い切って改題。月刊「ピープルプレス」として1986（昭和61）年1月号から装いも新たに〝再出発〟した。

「ピープルプレス」は、細谷が発行人となり、編集は依頼を受けた奥野が担った。執筆陣は多彩な顔ぶれだった。フリーのジャーナリスト（元新聞記者）、のちに詩人として活躍する主婦や滋賀大教授（表紙制作）、京都の若手女流画家（同）になる人などに加え、県内各地の若手自治体職員の協力も大きな力となった。

細谷も湖南生協理事長の傍ら自らインタビュアーを買って出るなど意欲的に取材に参加する。自らペンをとることも「たびたびあった」

その中で奥野が「特に印象に残ったのが1987年11月に行われた『抱きしめてBIWAKO』の特集だった」と語る。

「10月号でイベントを紹介した。約5000部というびっくりするような大部数。細谷さんの決断で発行した。そして12月号ではイベントの結果報告と、イベントを支えた人びとによる座談会を特集した。この座談会は20万人以上の参加という大成功に酔うことなく、成功を踏み台として、これからの福祉社会をどう築いていくべきかを真剣に議論し、1回限りのイベントの社会化を世に問うことにした。

座談会の意義は予想以上に大きかった。福祉で動こうという機運が一気に共有され、のちに『しみんふくし生協』の設立に結びついた。琵琶湖の環境を守ろうとのメッセージの意味合いも込められていて、当時としては国内はもとより海外でもおそらく初めての『環境生協』が一足早く設立された。いずれも湖南生協の女性理事が代表になり、滋賀県は女性の社会進出を先取りした。その功績は細谷さんにある」

「ピープルプレス」はブランクもあったが、1993(平成5)年に8月号を出して終刊を宣言した。不定期時代を含めると12年に及ぶ発行となった。地域情報誌が育ちにくい環境の中で、細谷は情報誌発行に深くかかわり続けた。

地域の人びととともに生き、草の根自治を促し、それを支える人や仕組み、団体をつないでいく。時には意見や信条を異にする人にも寄稿を求め、メディアを通して人と人との相互交流の場をつくる。細谷はそんな「地域ジャーナリズムの灯」をともし続けたのである。

生協見直しの雑誌「Q」

細谷は雑誌「Q―生活協同組合研究」も発刊（年3回）した。創刊号は1987（昭和62）年10月に世に出たユニークな雑誌である。

創刊号を9号とし、以降、8号、7号、6号…そして最後は1号とだんだん号数が減っていく。編集も全国各地の生協が課題を引き継ぎながらリレー方式で受け持った。細谷は創刊号の巻頭言で発刊の狙いをこう記す。

＜日本の生活協同組合運動は、この10年来、急速に伸び、組合員は1000万人を突破した。そして、日本の社会に確固とした存在を得ようとしている。社会に対しても一定の影響を与えはじめると同時に、生活協同組合とは何かを改めて社会から問い直されていることも事実である。そこで我々は、この雑誌Qを問題設定と解決への仮説、およびその実践検証の場としたい＞

細谷の「生協を根底から見直そう」という提案を受けて、「協同」の意味を問い返しながら生協の現状を整理、分析し、「生々しい証言によって問題点をえぐり出し」、90年代をどう生き残るか、その道をさぐっている。

「日本の生協運動の頂点をなす仕事だった。」（岡本）。生協のいわば「解体新書」ともいえる雑誌である。

異議申し立て

雑誌Qの創刊号は企画した細谷が編集した。

水や女性、農業、地域、組織などをテーマに、細谷人脈に連なる多彩な人たちが座談会形式で問題の真相に迫っている。

その中の一つ。「雨降って、地かたまる──紛糾の組織論を求めて」では、混乱した湖南生協の総代会(87年5月)を例に、細谷は「男の論理」と「女の論理」をざっとこんな風に語っている。

〈今の社会は男の論理で走っている。自分たちの考えを相手に受け入れてもらうため、あらゆる手段を使って多数派を形成、否定するグループを孤立させ排除して、安定した組織運営を図る。これが男のやり方です。生協の女の人たちは、異議があっても主流派になろうとはしない。気に入らないから生協をやめるわけでもない。とにかく異議申し立てを続けている。

この女の人たちに対し、「それでは自分は協同社会というものを考えたとき、どういう論理でどう向かいあわなければいけないのか、」と問うたときに、向こうの論理をこちらが受け入れてみようか、いままでは向こうの論理をこちらがいいたおしてきたけれど、立

ちどまって話をきいてみようか、と思ったのです。（中略）

私は生協運動に15年つかってきた中で、自分自身が変化してきたと感じている。労働組合の中で生きていたときと、論理も変わるし、ウチのカミさんに対する態度、子供に対する態度も変わるし、もちろん地域社会の人に対する態度も変わりますね。

いま、生活協同組合は流通に異議申し立てをしたことをきっかけとして、実はいまの、男性が支配する社会構造の根底のところに異議申し立てをしている。そのことが僕を変えてきたわけです。私は男性が女性化し、女性が男性化するようなものが協同社会であり、そういうものを目指すあり方を組織運営論の中に取り込んでは、と仮説を立てたんです〉

複眼思考

異議申し立てを受け入れることとは、モノの見方、考え方を多様化させることである。

細谷はそれを「複眼」あるいは「複眼思考」と表現している。「組織は「基本的に常に単眼指向です」。「複眼で見ようとする人間は組織のなかでは常に少数派」。だから「複眼化した少数者を否応なしに配置する、それを組織が意図的にやっていかなくてはいけない」。細谷は「少数者の存在が一病息災の一病である」ともいう。少数者を排除するのではなく、多数派に同調を迫るのでもない。その存在を認めて共存していく。その姿勢、態度を組織の中での複眼化に込めている。

「労働組合の組織論を貫いてきたのは『統一と団結』です。どうしたら組織の成員を同質化できるかです。これに対して協同組合は『自立と連帯』を組織の原則にしている。異質の人間のネットワークと言い換えてもいい」

共感のないところに連帯は生まれない。連帯のないところに協同社会は生まれない。

「答えはたった一つではない。そう考えることで、互いの弱さに寛容になれる」。細谷の複眼思考は、大きな目標に向かって社会を動かすエネルギーであり、協同社会を紡ぐ共感の源であろう。

湘南学園を救う

1987(昭和62)年11月に開催された大イベント「抱きしめてBIWAKO」が縁で、細谷は社会福祉法人・湘南学園の役員を長く務めるなど福祉に深くかかわっていく。

このイベントは当時、湘南学園の理事長を務めていた中澤弘幸の提案で具体化された。しかし、準備がなかなか進まず、開催が危ぶまれる事態に直面する中、細谷は急きょ事務総長として陣頭指揮に当たり、琵琶湖を抱きしめる感動のイベントを成功させた。

湘南学園専務理事の塚本秀一は語る。

「『ツルさん、カメさん、ありがとうさん』で、あれだけの人に集まってもらった。わずか4カ月ですよ。みんな福祉のことしか知らない。どうして人を集めるかといった発想はまったくなかった。そこへ細谷さんにきていただいて、実現した。みんなものすごく感謝している。細谷さんはここからご自身も福祉につながりを持たれた」

湘南学園で細谷は、中澤理事長時代の1989(平成元)年から4年間、評議員を務めた。評議員会は理事会をチェックする機関で、事業計画や事業報告、予算、決算などに目を光らせる。その後、1998年には理事長に就任、9年間にわたって学園を運営した。

「細谷さんには『抱きしめてBIWAKO』で助けてもらい、マニラでも助けてもらった」と塚本。フィリピンのマニラで何が…。

塚本によると、1990年代初め、湘南学園は「フィリピン湘南学園」の設立に動いていた。首都マニラのスラムに住む日系らしい子どもたちの生活や教育を保障する養護施設をつくるためだ。だが、日本の暴力団が介在してきたことで、にっちもさっちも行かなくなった。そんな不祥事を細谷と県OBの嶋川尚とが1992(平成4)年に訪比して「始末をつけてくれた」という。

もともと湘南学園は日露戦争の勃発した1904(明治37)年の3月、戦災遺児や孤児を救済する目的で、大津各宗仏教同和会の協力を得て創設された。わが国でも屈指の古い社会福祉法人である。現在、湘南学園には、中心となる児童養護施設と幼保連携型の認定こども園、保育の家しょうなん、生活支援施設がある。

マニラの不祥事は湘南学園にとっては「法人の認可取り消しになってもおかしくない出来事。しかし、滋賀県としてはつぶせない。日本の障害児福祉、教育の道を切り開いた糸賀一雄、田村一二、岡崎英彦といった先駆者の業績を傷つけることになるからだ」（塚本）。そんな窮地を細谷が救った。

細谷の果たした役割はこれにとどまらない。理事長時代、社会福祉法人の理念をきちんと定めた。

社会に近い環境を整えることで「福祉の社会化」をはかり、可能な限り福祉サービスを地域社会に提供することで「社会の福祉化」を実現するという法人の目指す方向を明確にした。湘南学園はいまもその理念のもとに運営している。もう一つは、園舎の建て替えなど施設整備と定員増で学園運営を盤石なものにした。「フィリピン湘南学園」の失敗でできた莫大な借金も解消した。

「細谷さんには後始末ばかり。『困ったときの細谷さん』。ほんとうに頼りになった。だから今、湘南学園がありますか」（塚本）

(5)コープしが

四生協統合

滋賀県内の地域生協である湖南生協と大津生協、それに県東部生協、県北部生協が1993(平成5)年3月に対等合併して、生活協同組合「コープしが」が誕生した。新生協は組合員98万9125人、出資金22億2000万円、供給高228億円となり、当時、近畿では7番目の規模の地域生協になった。

初代理事長に湖南生協理事長の細谷、専務理事に大津生協専務理事の加藤治男がそれぞれ就任し、滋賀県の生協は新たな時代に入った。

1980年代、流通業界の競争が激化する中で、全国的に生協の合併が進む。「小さな生協が競合していては生き残れない」という日本生協連の危機感もあって、県内生協でも合併機運が醸成されていく。

1990年末ごろ大津生協の東野更生理事長が「『大津と東部は合併するつもりだ。湖南生協はどうしますか』と、細谷さんに合併を持ちかけたようだ」（元コープしが専務理事・今泉俊夫）

「湖南生協から合併を働きかけたことはない」という細谷は、もともと合併には慎重な姿勢だった。そこには生協の理念、運動に対する細谷のこだわりがあった。

細谷は振り返って語る。

「全国で起きている生協の合併には、『生協は流通業だ』という発想が見受けられる。流通業としての生協をどんどん大きくしよう。小さい生協はつぶれるから合併して大きくしよう、という方向だ。しかし、その発想でいいのか。

そこには生産者もいなければ消費者もいない。生産者の顔が見えなくなれば、百貨店やスーパーと変わらない。だから、今までの生協らしい生協がいいのか、スーパーまがいの生協がいいのか。生協の合併論議で最も問われているところだ。特に、湖南生協は店舗がないに等しいくらい共同購入に徹している。

我々にとって生産者は大事だ。『産直』によって生産者が再生産できるようにすべての生産物を引き取り、生産者と一緒になってつくってきた生協だ。

こうした湖南生協の特色が合併後も生かせるのか。巨大店舗を大衆が運営する中で、共同購入の未来をどうするのか。今の店舗で生き残れるのか。その答えを持っていない」

そんな危惧を抱く一方で、細谷は生協合併に新たな展望も見出していた。

「大津、東部の両生協は自らやってきたことを全県に広げたいと思っている。同じように湖南生協もこれまでの成果を地域の殻を破って全県に問いかけてみたい。湖南生協20年の歴史を振り返る時、生協合併は湖南生協が独自に取り組んできた生協運動の理念をあらためて問う面白いチャンスだとも思う。グローバル化の時代にあって、消費、消費者は拡大し、農家の生産量もどんどん増えている。その生産物をすべて引き受ける関係をつくっていくには、県内生協の連帯も必要である」

「統合に関して100%合意形成して出発する必要はない」という細谷。「小異を残して大同をつくる」として合併に転じ、大津生協の加藤専務理事と連携して北部生協を加えた「四生協の一本化」を主導した。

京都生協から大津生協に転じていた加藤は実務にたけた人。以降、細谷―加藤体制で新生「コープしが」をけん引していく。

失脚

その「コープしが」の発足4年後。細谷は失脚した。「日本中の生協が驚いた」（元コープしが理事）。それほどの衝撃的な事件だった。

1997(平成9)年5月に開かれた「コープしが」の通常総代会。役員改選で、3期目を目指していた細谷執行部は思いも寄らぬ不信任を突き付けられる。理事会推薦で立った理事長細谷、専務理事加藤、常務理事北村良雄ら細谷体制の面々が軒並み信任されなかったのだ。

当選した理事は立候補者45人のうち12人で、細谷執行部に反旗を翻した人ばかり。その後、補充選挙で理事会(定数25人以上30人以内)総入れ替えの新体制がスタートするまで3カ月もかかった。その混迷ぶりが「理事・監事総退陣」という事件の異常さを物語っている。

合併後遺症

この人事抗争はなぜ起きたのか。

関係者の話を総合すると、いくつかの背景、要因が浮かんでくる。「合併の成否は人事で決まる」と、よくいわれる。合併時、最大生協である大津生協の東野理事長は新生協の理事長に就かず、湖南生協の細谷が就任した。そのころ、トップ人事は「専務は加藤さん。ならば理事長は細谷さん」で衆目一致していた。「東野さんが細谷さんに理事長をやってくれ」と話されたともいう。

合併後、東野は新設の会長ポストにおさまったが、1995年の改選期には「『理事長は僕がやってもいいよ』と、いっていたことがある。一言のもとに蹴ったんですよ」と細谷。「相談していた日生協常務理事の大谷正夫さんは『あんたがやるべきだ』と何度もいい、それで決心していた。東野さんは『いつか理事長に』と思っていたのではないか」。そんな権力争いの側面が見逃せない。

「コープしが」発足時、「水と油の生協が合併した」と、日生協にいわれるほど大津生協と湖南生協では運動論が違う。性格も異なっていた。「『地域生協としてともに歩もう』と掲げた合併の理念は絵に描いた餅になってしまったのか、『前の生協はよかった』、『合併して何もいいことはない』、『昔に戻りたい』という声が双方から出ていた。特に旧大津生協あたりから多くあがっていた」という。

組合員は旧大津生協の人が圧倒的に多い。なかでも数多くいた旧大津生協の理事は合併後、理事ポストを離れざるを得ない。自ずと役員人事でも不満がたまっていた。いわゆる合併後遺症である。

そもそも1970年代初め、細谷が滋賀県内で最初の地域生協づくりに乗り出したとき、大津・湖南地域をひとまとめにした大きな地域生協構想を描いていた。その道半ばで、東野は細谷とたもとを分かち、農協を土台に大津生協設立の独自路線を歩んだ。イデオロギーの違いなどを指摘する声もあるが、こうした「結成時のいきさつも尾を引いていたのではないか」との見方もある。大津生協と湖南生協の確執は根が深い。

未完に終わる

「細谷解任」前、「コープしが」で不可解な出来事があった。加藤専務理事の「短期貸付問題」である。

産経新聞が1995年6月2日付朝刊で報じた。「加藤氏が理事会に諮らず無断で企画会社に貸し付けを行っている」というもの。しかし、理事会では「広報紙印刷費用の前渡金。コープしがには利息も含めきっちり返済されている」として、「問題なし」と判断されていた。

そもそもこの貸付問題は合併前の大津生協時代からの事案だったが、総代会のたびに取り上げられ、紛糾のタネにもなっていた。

「反細谷」の実働部隊といえる「たんぽぽの会」。東野の別動隊ともみられていた組織で、組合員向けに「たんぽぽ通信」を出していた。「それはすごいんですよ。あることないこと書いて、組合員に配る。役員の飲食問題を取り上げたり、細谷理事長の『あの発言はおかしい』と書き立てる。そして学習会を開いて批判する」。「『反細谷』グループは、加藤問題を持ち出したころから細谷執行部を引きずり下ろすつもりだったんでしょうね」。そんな見方もある。

当時、細谷は「たんぽぽ通信」など「反細谷」の動きについて「『勝手なことをやっているな』とみていたが、『不信任』になるとは思ってもみなかった。びっくりした」。

しかし、細谷はどこまでも「権力」に恬淡なのか、性格なのか、何ら語ることなく、また復権を期すこともなく、「コープしが」を去った。

それから20余年。日本の社会では経済格差が広がる。少子高齢化に人口の減少、働き手不足が同時に進む。原発事故、自然災害の頻発など多くの難題が立ちはだかる。その中で、地域の人々や団体が力を合わせて解決の道を探る「共助」の取り組みが広がっている。

相互扶助の理念を掲げる生協や農協など協同組合は、多くの人材やノウハウ、資金力を持つ社会組織である。こうした課題の解決に向けて、大きな役割が期待されている。

そんな時代を前に、細谷は「コープしが」を去り、生協運動から身を引いた。細谷の生協運動は「未完に終わった」（岡本）

細谷さんの「樅ノ木」

奥野哲士（フリーランスライター・元毎日新聞記者）

少し妙な表現ですが、細谷さんは「心底、人間が好きなんだ」と思います。どんな人たちともよく話し、よく聞き、座談のなかから次々にアイデアを生み出し、その場にいる人たちをその気にさせて、アイデアを実現させていく不思議な能力を持った人です。

こうして一見、何でもない座談から大きなプロジェクトが誕生していくのを、私はいくつか目撃しました。人間が好きだからネットワークはどんどん広がっていく。いろんな人たちをネットワークし、オーガナイズし、プロデュースし、あっという間に組織が立ち上がり、動いていく。

はた目にはそう見えるだけで、実は普段からあたためていたものを座談にからめて、その場にいた人たちを実行者に仕立てていったものもあったかもしれません。目的達成のスピードが速いのも、そういうことではなかったのではないかと思いますね。

細谷さんの活動歴は本著に紹介されることでしょうから、重複を避ける意味で、私はあえて文学的な表現で、細谷さんの一面を感覚的に表現したいと思います。私個人の印象ですが、山本周五郎の長編小説「樅ノ木は残った」の主人公、原田甲斐の多面的な人物像と重なることがいくつもあるのですね。

こんな例えは人によって誤解を与えるだろうし、まして本人において「おや」、とは思いますが、危険を承知でお話ししたいと思います。

原田甲斐は伊達家のためというより、62万石の大藩に住むひとりの少女をはじめとした領民全体の生活と安泰を守るためにすべてを投げ打った人物という私の理解を前提にしたうえでのことです。

この小説の印象的なシーンのひとつは、最初と最後に描写される一本の樅ノ木で、これが甲斐の精神を象徴している。雪深い東北の風景の中で、凛《りん》として立つ木をあえて育ちにくい江戸の最寄りの地に飢えていた。細谷さんの心の中にも、そういう木が1本植わっているように思うのですね。

困った人がいれば「ほっとけん」精神、「私心のなさ」が、各地の公害事件や労働災害の支援にかりたて、最後は「オレが責任を取る」という覚悟、そういったものが、周辺の人たちを共鳴させ、動かす強い力になっていたと思うのです。だから前例のない「環境生協」や「しみんふくし生協」などの誕生や巨大なイベント「抱きしめてBIWAKO」の大成功につながった。

細谷さんの最初の職場であった新日本窒素(後にチッソと改名)の排水が原因となって水

保病が発生したことを滋賀県の守山市にある旭化成に転じた後に知った衝撃の深さが、その後の細谷さんの活動の背景にあったのではないか、細谷さんの樅ノ木の下に、これが埋まっているのではないかというのが、私の勝手な推測です。

もう40年以上のお付き合いをさせていただいていますが、その点については、遂に今日まで聞くことはありませんでしたが、むしろ私は、これからも細谷さんの樅ノ木を私の妄想にとどめ、自分自身の生き方を考えながら、見上げていきたいと思っております。

第 8 章

海を越えて

モンゴル・ウランバートル市内で披露した
せっけんづくり（1991年夏）

(1) 中国

湖南省と友好の誓い

滋賀県と中国・湖南省の友好提携35周年を祝う式典が、2018(平成30)年11月12日、同省の省都・長沙市で行われた。三日月大造知事はじめ県民代表団、許達哲省長ら約300人が友好の歴史をたたえ合い、さらなる交流に期待を寄せた。

三日月知事は「近江商人は社会全体がよくなることも考えた。両県省の関係も『三方よし』で取り組み、草の根交流を一歩ずつ進めていきたい」とあいさつ。許省長は「35年で経済や観光、環境保護で交流、友情は深まり、大きな成果を収めた。より美しい未来を願っている」と述べた。両県省は今後5年間の交流促進を誓う覚書に調印。世界の湖沼問題の解決へ連携していくことも確認した。

京都新聞が翌13日付朝刊で、このように報じる式典には、細谷も県民代表団の一員として参加していた。

1983（昭和58）年3月、琵琶湖の外輪遊覧船「ミシガン」の船上で、当時の武村正義知事と孫国治省長が友好県省締結協定書に調印した。宇都宮徳馬日中友好協会長、宋之光駐日大使らが拍手で前途を祝う晴れやかな式典だった。

以来35年、両県省は文化や教育、経済、環境、観光など幅広い分野で草の根交流を積み重ねる。彦根市に本社を置く大手スーパー「平和堂」が省政府の要請で1994（平成6）年12月に進出、4年後の1998（平成10）年11月、長沙市に百貨店1号店をオープンした。現在、平和堂は省内で3店舗を展開し、経済面で大きな地域貢献を果たし、滋賀県の存在感を一段と高めている。

「滋賀県と中国湖南省との交流も細谷さんが主役です」。そう振り返る武村。「あのころはあまり訪中できなかった時代でしたが、提携話は『洞庭湖がある湖南省と琵琶湖の滋賀県が姉妹提携してはどうか』と、細谷さん本人から持ってこられた」

湖南省は中国一の大河・長江中下流域にある。古代は楚の国。戦国七雄の一つだ。

面積は約21万㎢、人口5360万人（当時）で、ともに滋賀県のおよそ50倍。洞庭湖は中国第2の湖で、琵琶湖のおよそ6倍という広さ。長江が流れ込み、「瀟湘《しょうしょう》八景」で知られる景勝の地。それに由来して「近江八景」が生まれた。

古来から滋賀との縁は深い。毛沢東、胡耀邦ら中国共産党指導者の出身地でもある。

当時、滋賀県は同じように湖が取り持つ縁で米国ミシガン州と友好提携を結んでいて、新たに「アジアで一カ所、ヨーロッパで一カ所ぐらい結べればいいなと思っていたところだった」という武村は、細谷の提案に飛びついた。1982(昭和57)年12月、「副知事の稲葉稔さんと細谷さんに湖南省に行ってもらって、提携の根回しをしてもらいました」

草の根交流

こうして両県省との友好交流は始まったが、順風満帆の時ばかりではない。

2012(平成24)年9月、尖閣諸島(沖縄県)の国有化をめぐる日中関係の悪化で、湖南省でも大規模な反日デモが発生。「県の経済団体が計画していた訪中は交流活動の停止が告げられ断念、県の環境ビジネスメッセへの参加も見送られた。平和堂の現地店舗も襲撃を受け、一時休業に追い込まれた」(京都新聞2018年12月9日付「深化と変化―滋賀県・湖南省友好35年㊤」)

こうした危機を乗り越え、両県省は友好の絆を固く長くしていく。その道を切り開いたのが細谷である。

武村は語る。「10年ごとに知事を含め一般県民ら何百人が訪問している。5、15、25の記念年には滋賀県から行く。私は知事として1回、その後、3、4回行った。この間、日中関係は平たんではなかったが、ずっと交流は続いている。

全国で知事らが代表で参加する使節団派遣は少なくないが、今でもこれだけ多くの一般県民を含めた大型訪中団が派遣されているのは珍しい。こうした草の根交流が継続している意義は大きい。湖南省との友好提携は自治体外交として成功した好例だ」

あなたの本が大使です

湖南省との交流には、他府県の国際交流とはひと味違った特色がある。「本の交流」である。

1983年の友好提携時、「湖南省に新しい図書館ができる。そこに『滋賀県文庫』をつくろう」という細谷の提案に、「それはいい」と武村が乗った。すぐに県立図書館長の前川恒夫を知事室に呼び、事前の打ち合わせのため湖南省行きを指示した。前川館長と一緒に訪中した司書の岸本岳文（現京都産業大客員教授）は、その時のドタバタぶりを回想する。

「前川館長が知事室から私に電話してきた。『中国に行かないかん。すぐ用意せよ。ついては細谷さんという人がいる。いろんな話を聞くように』と」

前川は図書館に力を入れる武村が東京からスカウトし、県の図書館行政を全国のトップレベルに引き上げたことで、知事の信頼が厚い人である。

こうして細谷は1983年9月に「湖南省に本をおくる会」の設立総会を開き、「本の交流」

市民運動をスタートさせた。キャッチフレーズは「あなたの本が大使です」

地元の平和堂、西友などの協力も得て市民から寄贈本が続々届く。郷土本や琵琶湖関係の書籍に歴史書、さらに小説、文庫本、児童図書、絵本など。県立図書館で整理し、湖南省におくられた。滋賀県も記念事業として用意した5000万円分の図書（約9500冊）も海を渡った。

滋賀友好文庫オープン

新しい湖南省図書館は1985（昭和60）年、長沙市のメーンストリート韶山路にオープンした。閲覧棟（4階建て）と蔵書360万冊の収容可能な書庫棟（12階建て）からなる延べ面積2万3000㎡というスケールの大きな図書館である。

開設された「滋賀友好文庫」は、武村の題詞が掲げられ、閲覧棟の4階にデビューした。「湖南省に本をおくる会　滋賀県」と記すパンダシールが張られた寄贈本数万冊が書棚を埋める。

当時、中国は改革開放の時代で、日本語熱が大変盛んなころ。「滋賀友好文庫で日本語を勉強して、日本に留学。後に中国に戻って日本語を教えている人が何人もいる」（岸本）

2015（平成27）年秋、細谷は武村らと湖南省図書館を訪ねた。「あんな風に滋賀県の本が並ぶ例は外国ではない」（武村）。細谷は「自治体外交としての『本の交流』に、武村さんは感無量の様子だった」。県立図書館と湖南省図書館の交流は、研究誌の交換や職員研修など今日も続いている。

中国初の「図書館」

湖南省図書館は日本とゆかりの深い図書館でもある。

岸本によれば、湖南省図書館は中国で「図書館」という名称を使った最初の公立図書館だそうだ。清の時代、長沙市で「〝図書館〟をつくろう」という人たちがいて、日本に調べに来る。その時代、中国には「図書館」という言葉はなく、「書楼」と呼んでいた。日本の図書館の近代的な働きなどを見ていると、それは「書楼」ではない。「文庫」でもない。しかし、ピッタリ当てはまる言葉（中国語）がない。だから「日本語の図書館をそのまま使った方がふさわしいと思ったのでしょう」。名づけて湖南省図書館となった。以来、中国では「図書館」が普通に中国語として使われている。

２０１８（平成30）年秋、滋賀県民代表団が訪中した際、守山市在住の児童文学作家・今関信子の代表作「子犬の裁判はじめます」（童心社）の中国語訳本80冊が寄贈された。翻訳したのは守山市に住む中国語講師で翻訳家の劉穎氏。中国の出版社から発刊した。

「子犬の裁判」は、大津市の児童養護施設「湘南学園」で実際にあったエピソードをもとにした作品。子どもたちが隣の竹やぶなどから連れてきて施設で飼っている犬をどうしていけばいいか。それを話し合っていく物語だ。そこには子どもや大人の思いやり、心のぬくもりが描き出されている。

「これからも今関さん、劉さんらと一緒に寄贈を続け、滋賀文庫に日本の児童図書コーナーをつくりたい」と、細谷は新たな「草の根の本交流」に意欲を見せている。

太いパイプ

細谷がはじめて訪中したのは滋賀地評副議長時代の1974（昭和49）年である。たまたま日中労働者交流協会を組織していた総評副議長の兼田富太郎（全日本港湾労働組合委員長）に「中国に行ってみないか」と誘われたのがきっかけだ。

1972（昭和47）年9月、時の田中角栄首相が訪中し、周恩来首相との間で国交樹立のための共同声明に署名した。歴史的な日中国交回復である。

それまで総評は日中国交回復のための運動を展開していたが、その目的が達成されたことで、「兼田訪中団」（兼田団長ら6人）は日中の新たな労働者交流のあり方をさぐる旅だった。

兼田は全港湾の生みの親であり、育ての親である。

戦後、中国からの引揚げ第一船の「興安丸」で、乗船代表として訪中し、中国側の「日本人民を敵視しない友好的な対応に深い感銘」を受ける。そして軍人、軍属、一般邦人ら2008

人を舞鶴に連れ帰ってくる。以来、日中国交回復、日中友好に献身的に取り組んだ。まさに「井戸を掘った一人」だ。

細谷が兼田の知遇を得るきっかけは、滋賀地評の事務局長時代にあった。春闘を前に、細谷はいつも総評の幹部らを招いて学習会を開いていた。その講師の一人が兼田だ。講座を終え、「いつも宿舎で酒を飲みながらワアワアやっていた。兼田さんは戦後日本の労働運動の良質なリーダで、彼も私を気に入ってくれた」という細谷。以来、親交を重ねる。

大衆とともに生き、その中で戦闘的な労働運動を組み立てる兼田に傾倒していった。兼田が港湾での労働災害の減少対策に進んで取り組んでいたことも2人を近づけるきっかけになった。

細谷は訪中に当たって注文をつけた。当時、かかわっていた三池炭じん爆発事故による「CO裁判」が念頭にあったのだろう。「視察先に炭鉱を入れてほしい。労働災害、職業病、公害に日本の労働組合はどう闘ってきたを報告したい」

それを快く了承してもらって参加した初めて訪中だったが、そこで、中国の労働組合のナショナルセンター（労働団体）である中華全国総工会との太いパイプができた。細谷は中国での活動を広げ、交流を深める大きな足がかりをつかんだのだ。それまで文化大革命の嵐で総工会の機能はストップしていた。それが訪中時ようやく回復し始めていたのも運がよかった。

技術の交流

「そのころ、日本の労働組合幹部の国際交流は、一言でいえば海外旅行。とても国際交流といえたものではなかった」という細谷。こんな実態を明かす。

当時は中ソ論争のさなかだった。中国側では日本の労働組合とりわけ総評は「ソ連系だ」ということをよく知っていただけに、中国の立場を理解してもらうために、日本の労働組合の幹部にていねいに対応する。説明もする。手厚くもてなす。時には人民大会堂で周恩来首相と握手などもする。

日本の組合幹部は大感激で、きまって「中国の言うことは正しい」、「ソ連はひどすぎる」、「これからは中国との交流を大事にする」と約束する。しかし、帰国するとソ連大使館がパッと巻き返しに出る。委員長が行っても、書記長が行っても、どんな幹部が訪中してもそんなことの繰り返しだ。

さすがに仏の顔も三度。中国側は「もう兼田さん、ああいう大幹部を連れてきたって何も変わりません。これから日本と中国の労働組合の交流は、現場でしこしこやっている人を中心にやりたい」。その第一陣が細谷ら6人の「兼田訪中団」だった。

「私はすごい責任をしょって帰国した。それが反面教師となって、中国との交流から逃れられなくなってしまった」という細谷。以来、訪中は130数回にのぼる。

細谷は1976(昭和51)年5月、滋賀県労働者友好訪中団(21人)、1979(昭和54)年2月に第2次県労働者友好訪中団(18人)を派遣するなど次々訪中団を編成し、労働者の交流を広げていく。特に、細谷自ら団長を務めた第2次訪中団では、中華全国総工会と今後の労働者交流の進め方を話し合った中で、中国側から要望された技術交流に踏み出す。

当時、中国は4つの現代化(工業、農業、科学技術、軍事)を進めるに当たって、新しい技術の導入を迫られていた。そこで中華全国総工会は「定年退職した労働者で腕のいい人を中国に連れてきてください。招待します。生産の現場で技術交流をやりましょう」ということになった。

滋賀で学ぶ

ひとくちに「退職労働者の交流といっても難しい」と、細谷は述懐する。日本の企業は技能の優れた労働者を手放さない。「下請けのいいところにいるか、自分のところで嘱託で使っている。技術が中国に流れることをすごく恐れていて、ブレーキをかけている」表面の交流はいつでも「どうぞ、どうぞ」だが、いざ技能とか技術の交流となると、そうは簡単にいかない。たいがいはつぶれてしまう。

1981(昭和56)年2月には、細谷は星野を団長とする「労働災害・職業病・公害に関する技術交流先遣団」を中国に送り込んだ。「水俣病」や「炭じん爆発防止」、「薬害」などをテーマに「現代の技術」論を持っての交流である。

そこには、日本の労働者、国民が経済成長時代に味わった苦しみだけは、中国の労働者、人民に繰り返してもらいたくない。そんな願いを込めていた。

「これもだんだんしりすぼみになる」と細谷。「中国国内の炭鉱を回った時、中国側の要望は『炭じん爆発の予防という初歩的なことはいい。炭鉱の深いところのガス抜きはどうしているのか。そういった最新の技術を教えてもらえないか。でないと技術交流にカネを使ってもしようがない』。そんなことを現場が言い出す」

現場の利益にならない技術交流に拒絶反応を示すことがだんだん露骨になっていく。「しようがないなあ…」。労働運動レベルでの技術交流に越えられないハードルが見えてくる中で、技術交流そのものは1984年ごろ終わる。

中国が求める技術研修生の受け入れも労働運動レベルでは人数が限られてくる。飛躍的に拡大するには経済界や行政などの協力支援が欠かせない。その意味で滋賀県と湖南省の友好提携は研修生受け入れを県全体で下支えする役割を担った。研修生の受け入れは友好提携の協議が進んでいた1982年から本格的にスタートし、現在も続いている。

湖南省から県に派遣された技術研修生は200人を超え、その業種も工業から農業、医療、環境、観光、教育など多岐多方面にわたっている。

生協交流

細谷が中国との交流の中で力を注いだ分野がほかにもある。「生協」である。「中国が市場経済を導入するようになると、必ず消費者の利益を守るために生活協同組合が必要になるはず」と、1985(昭和60)年ぐらいから中国にアプローチし、生協づくりを提案し始めた。

1988(昭和63)年10月、北京で「日本生活文化用品展」を開催した。翌1989年1月には、蘇州でも開いた。日本の勤労者の生活実態を生活文化用品を通して中国の人々に知ってもらう。その一方で、便利で快適な生活は環境破壊や資源の枯渇、さらに消費者の生命と健康に深刻な被害を及ぼすことにもつながる。そうした日本の苦い経験を中国に伝え、生協運動の意義を認識してもらうことにあった。

中国側にも「日本の生協に学びたい」という時代の要請があった。

中国では1950(昭和25)年まで全国各地で生協活動が行われていたが、毛沢東が全商業を国有化する政策を打ち出したことで、生協も解散した。しかし、市場経済の導入に伴って「商業のすべてを国家が管理しなくなったために、大衆の利益にあった新たなシステムが必要になっていた。生協活動を復活させる狙いは、そこにあった」

復活「消費合作社」

中日新聞の1995（平成7）年9月1日付コラム「コーナーキック」に、細谷は中国の生協との交流について寄稿している。少し長いが引用する。

〈「中国にも生協が組織され、発展してほしい」というのは、日本の生協にかかわるだれもの願いであった。

歴史的に見れば、中国の生協運動は1950年代初めに大きな高まりを見せ、組合員は1000万人を超えるほどであったが、1954年にすべてが国営企業に組み込まれてしまったため、実質的に生協活動は消滅してしまった。ところが、1980年代後半から経済政策が変わり、統制経済から自由経済に切り替わった。再び、生協運動が認識されることとなった。その中心的な役割を担っているのは、中華全国総工会（労働組合）である。

日本生活協同組合連合会を中心にして、数多くの生協が中国の生協活動復活に協力してきた。国際協同組合同盟（ICA）世界大会への招待や、中国での2度にわたる生協セミナーの開催。また、中国から研修生を招いて生協活動の研修や視察を実施する中、生協活動への理解が急速に進んできた。今では、400カ所以上の地域で消費合作社（生協）が組織されるまでになった。

しかし、問題も山積している。生協は大衆運動と経済事業活動の両面を持っている。総工会は大衆運動の経験は豊かであるが、経済事業については全く未経験だ。人材育成が急がれる。資金不足もある。生協は組合員の出資によって運営されるが、北京の消費合作社の場合、出資金は1人50元(約600円)で、日本の約10分の1である。団体からの資金援助が不可欠だ。そのために、消費者一人ひとりの経営参加という民主的な運営が難しくなるなど日本の生協が運動の黎明《れいめい》期に味わった困難と同じ悩みを抱えている。

そこで、北京、南京、長春の3カ所の消費合作社をモデル生協として、日本の各生協が協力することにした。

現在、中国から日本に向けて、消費生活物資がたくさん輸出されている。農産物や繊維などの軽工業製品である。しかし、中国の生産者と直接結び付いた、いわゆる産直にはなっていない。どこで、だれが、どのようにして生産しているのか、中国の生協の発展に協力する中で、産地の状況も詳しく判明してきた。中国山東省の海湾でとれた魚が、今までは韓国経由で日本に入っていたものが、直接入るルートが開発されたり、広州のバナナ産地に直接消費者の要望を伝えることができるようにもなってきた。

日本の生協が、食の安全性を生産者とともに追求してきた経験を、中国の生協活動に生かしてもらうだけでなく、日本と中国の経済交流にも活用している〉

たぐいまれな人

「今後の発展が楽しみだ」。そう細谷がいう日中生協交流で重要な役割を担った人がいる。李鉄橋だ。中華全国総工会の中国勤労者対外交流センターで秘書長を務め、細谷が「中国共産党でたぐいまれな幹部」と尊敬する人である。

「彼が生協の必要性を一番理解している」という李は、「中国で『ただ日本の生協の真似をしたというのでは、中華全国総工会の方針にはならない』ので、党幹部学校に入っている一年間を利用して文献・資料を集める中で、レーニンの協同組合論があることを見つけた。そして、そこから中国でも解放前に炭鉱と大学に生協があった歴史を知ったのだ」

その中で、李は解放前の生協運動をリードしてきた王純（元北京市助役）を知る。生協解散に最後まで反対し、「おまえは協同組合主義者だと毛沢東から怒られた」という人物だ。

李は王と一緒に戦前の生協の歴史を掘り起こし、レーニンの協同組合論から引用して、中国に生協復活の必要性を説き、総工会の方針に「合作経済」という概念を盛り込んだ。それが「消費合作社」、日本でいう生協だ。市場経済を大きくする一方、計画経済を縮小すると矛盾が起きる。そこで「合作経済」という概念で平常化して、大衆の利益を守っていくという考えだ。

当時、中国では合作経済論で住宅生協と消費生協、それに療養所や工人体育館など労働者の福利事業もとらえ、やろうとしていた。ただ、「日本の生協経営は厳しい状況にあり、日本生協連が中華全国総工会の消費合作社と交流する余裕がだんだんなくなっていった」と細谷。

日中の生協交流は、細谷の発想とがんばりで広げていただけに、細谷にとって悔いの残る交流となった。それでも細谷と李鉄橋との親交は今日も続いている。

細谷の中国への思い入れは人一倍強い。湖南省との友好であれ、技術交流であれ、生協交流であれ、心血を注いで取り組んできた。

細谷は戦争を知る世代である。「中国での侵略戦争の罪は償わなければならない」。そんな細谷の心の襞《ひだ》に触れる思いがする。

（2）モンゴル

湖の交流

草原の国モンゴル。その北西部にあって、ロシアの国境に接するフブスグル県。そこにはモンゴルで最大の淡水湖「フブスグル湖」がある。３０００m級の山脈に囲まれモンゴル随一の清浄で神聖な湖だ。面積は琵琶湖の4倍。バイカル湖（ロシア）の上流にあり、「碧い真珠」とも呼ばれている。

細谷は１９９５（平成7）年8月、滋賀県の稲葉稔知事（当時）とともにフブスグル県を訪ねた。滋賀県代表団としての初訪問である。目的は滋賀県とフブスグル県との友好提携を結ぶための予備会談にあった。稲葉とオチルバト知事は「琵琶湖とフブスグル湖の交流が大事だ」として、友好提携協定を結ぶための「協定」にサインした。

滋賀県としては、湖が取り持つ縁で米国ミシガン州、中国湖南省、ブラジルのリオ・グランデ・ド・スール州に次いでフブスグル県が4番目の友好提携先になるはずであった。ところが、帰国後、思わぬ展開になる。

協定書を詳細に検討したところ、行き違いが見つかる。正式な協定締結は見送られることになってしまった。「残念至極でした」

そうはいっても滋賀県とフブスグル県との交流が途絶していたわけではない。細谷と「日本モンゴル文化経済交流協会」（現NPO法人）会長の佐藤紀子らの橋渡しで、つながりは続く。

2019（平成31）年1月には、三日月大造滋賀県知事と来日中のガンボルト・フブスグル県知事が大阪市内で会談し、淡水湖を抱える県同士で協力して、湖沼の価値を世界に発信する確認書を交わした。

この知事会談には、細谷と佐藤、モンゴルから国の防災庁長官、在大阪モンゴル総領事らが同席し、湖を仲立ちにした子どもたちや文化、技術などの交流に話がはずんだ。両県の交流は正常化に向けて大きく踏み出している。

大規模な民間交流

細谷のモンゴルとのつき合いは長い。初めての訪問は1991（平成3）年1月である。せっけん運動を通して親交のあった佐藤（当時、大阪・共益社生協専務理事）との訪蒙である。そのときは中国北京から列車で42時間かけて首都のウランバートルに入った。目的は草の根の市民外交。日本から民間訪問団を派遣する事前協議にあった。

そして、その年の夏、湖南生協はじめ全国の生協代表らさまざまな分野の市民が参加した総勢157人もの大訪問団「日本・モンゴル文化経済交流団」を編成し、こんどはチャーター便で空路4時間半、モンゴル入りした。そのころ、モンゴルはソ連の崩壊(1991年12月)を機に、衛星国から独立して民主化の道を歩き出す直前だった。

社会は混迷し、「薬もせっけんもない。何もないころ」。政府間の交流も手薄な時代である。いまでこそ大相撲の白鳳らモンゴル力士の活躍などで「近い国」となっているが、そのころのモンゴルは日本人にとっては「遠い国」であった。

国土は日本の4倍だが、人口わずか200万人。多くが草原に羊やヤギ、牛、馬を放牧して暮らす遊牧の民である。そこへ日本人がどっと乗り込んで行ったのだ。佐藤の話によると、「せっかくの機会だ」と、訪問団はウランバートルで市民交流会を開催し、日本料理やカレーを振舞ったり、着物のファッションショー、〽月が出た、出ーた…と盆踊り、日本の生活文化の紹介もした。ほかにも環境問題のシンポジウム、訪問団に加わった歯科医師、衛生士、技工士ら歯科医療グループによる歯の検診や歯ブラシの指導、植樹など多彩な交流イベントを繰り広げ、日蒙間に新たな草の根交流の道を開いた。

せっけんづくり実演

この訪問の目的の一つに、廃食油から粉せっけんをつくる実演があった。ウランバートル市内の会場に水俣のミニプラントを持ち込み、呼びかけて応じて参加した全国の「協同組合せっけん運動連絡会」のメンバーらがせっけんづくりを披露した。固形せっけんもつくった。ただ、出来栄えは「60点ぐらい。あまりよくなかった」（佐藤）。事前の打ち合わせとは違って「モンゴルの草原にいる野生動物の脂でつくったからだ」。

そんな悪条件下でのパフォーマンスだったが、粉せっけんを目の当たりにしたウランバートル市民は「これなら私たちでもつくれる」と、目を見張った。

環境問題シンポジウムも大きな反響を呼んだ。訪問団に同行した中日新聞記者の唐木清志のルポが東京新聞（1991年8月6日付）に掲載されている。

＜水俣病研究者の原田正純熊本大助教授が足尾銅山や水俣病の例をスライドやビデオで見せながら「日本は残念ながら大きな環境破壊と人体被害を起こしたが、この失敗に学び、同じ過ちをしないでほしい」と、日本の公害体験を報告。（中略）モンゴル側の受けた衝撃は大きかったようだ。会場からは核心を突く質問が相次いだ。「公害病患者はどうなったか」、「工場は製造技術を改善したか」、「水銀で汚染された海はきれいになったか」＞

フブスグル湖の約束

訪問団派遣の話には前段がある。

ソ連での「バイカル湖フォーラム」に続いて1989(平成元)年に滋賀県で開かれた「琵琶湖フォーラム」にモンゴルのジャーナリストであるバルドロジーが参加していた。そこで、共益社生協の佐藤とが知り合う。

バルトロジーは、モンゴルの国会議員でもあり、大統領の首席報道官も務める政府の高官。小説や戯曲を書き、映画も手掛ける多彩な顔の持ち主でもある。

当時、フブスグル湖の周辺には無尽蔵といえるリン鉱石があって、ソ連とモンゴル両国の合弁による鉱山開発計画が持ち上がっていた。「琵琶湖フォーラム」でせっけん運動など琵琶湖を守る市民活動に感銘を受けたバルドロジーは、次回はフブスグル湖で開催し、そこで「リンの採掘をやめさせ、フブスグル湖の環境保護とモンゴルの権利を守る」ことを世界にアピールすることを決意する。

1990年にモンゴルで開催された「フブスグル湖フォーラム」は、環境破壊を事前に差し止めるという画期的な成果をあげるフォーラムとなった。このフォーラムに招かれていた佐藤は、自然環境保護に取り組んでいた行動派の作家・立松和平から突如「次は日本の番だから報告して」と迫られ、住民が主体となった琵琶湖のせっけん運動を報告した。これがフォーラム会場の注目を集めた。

モンゴルの参加者は「いまモンゴルはせっけんがなくて困っている。午後の会議は止めて、せっけんをつくろう」と言い出す。せっけんづくりには準備がいる。「つくろう」、「すぐにはできない」。そんな押し問答の末、とうとう佐藤は「来年、せっけんづくりの実演を約束させられた」という。

それがウランバートルでのせっけんづくりの実演である。その後、実演に用いたミニプラントを使って、市内にせっけん工場を開設した。「スブラ」(真珠)と名づけられた。

「生協」はならず

細谷のモンゴル訪問は30数回にのぼっている。細谷がモンゴル交流で「やりたかった」のは、中国と同じように「生協の輸出」であった。しかし、社会主義時代には生協に似た組織はあったようで、ウランバートル市内に3店舗を開くまでになった。だが、「日本のような地域生協づくりはうまくいかなかった」。

「社会主義の仕組みの中で街ができ、生活パターンもできている。何事も自立してやらない。2、3年いろいろ試みたが、生協の自治的な発想になじまない。生協は大衆の生きざまに合わないのかもしれない」と総括している。それに「安全、安心、安価な商品がなかなかそろわない」こともマイナス要因となった。その一方で、専門生協である医療生協「コープ・エネレル」はうまくいったという。エネレルとは健康、慈愛といった意味だ。

民族性の違いもあったのか。佐藤は、「騎馬民族は国をあてにしていない。自分一人でこの大地を生きて行かなければならないと思っている。バルドロジーさんは『逆立ちしてもやる』とがんばってくれた」。だが、生協のともに助け合う「共助」の仕組みは、計画統制経済から市場経済に移行する歴史的な転換期と重なっていたことも影響してか、すんなりモンゴル社会に溶け込みにくかったようだ。

馬頭琴の調べ

モンゴルの文化芸術を日本に紹介する交流事業にも細谷は力を入れた。特にモンゴル国立馬頭琴交響楽団の日本公演は10回近くになる。大津市のびわ湖ホールをはじめ京都、大阪など全国各地で、「草原のチェロ」、「音の世界遺産」ともいわれる馬頭琴の雄大で心地よい音色を奏でた。それは草原の「蒼い風」のように流れ、客席を魅了した。

細谷は2002(平成14)年10月10日の明けがた、脳梗塞で倒れ、済生会滋賀県病院(栗東市)に救急車で運び込まれた。「集中治療室にいたらしいが、記憶はほとんどない」(細谷)

家族や医師の懸命の治療と闘病で奇跡的に回復したが、そのとき、こんなできごとがあった。細谷は日本モンゴル国交樹立35周年と交響楽団設立15周年の記念公演に馬頭琴交響楽団を招いていた。その楽団員2人が「馬頭琴を肩に長野から訪ねてきて、病院の中庭で数曲弾いてくれた。『琵琶湖周航の歌』を弾き始めると、細谷さんがかすかに口を動かす様子が見て取れた」と佐藤。帰路、その楽団員は「あの賑やかな細谷さんが…」と涙ぐんでいたという。(佐藤紀子『馬の尾の奏でる音楽は国境を越えて』)。「草原の民」の心の温かさと友情が伝わってくる。

ノモンハン事件の「慰霊碑」

日中戦争さなかの1939(昭和14)年に旧満州(現中国東北部)とモンゴルの国境をめぐり、旧日本軍と旧ソ連・モンゴル軍が戦火を交えた。「ノモンハン事件」である。それから80年を迎えた2019(平成31)年7月、戦場となったモンゴル東部のハルハ河近くにある「慰霊碑」で慰霊祭が行われた。

大阪のNPO法人「日本モンゴル文化経済交流協会」が主催し、佐藤や日本人研究者ら30人が参列、戦死者に黙とうをささげ、平和を誓った。

この慰霊碑は、草原に囲まれた集落にある。細谷らが京都の浄土宗総本山知恩院に提案し、全国の仏教関係者ら多くの人の寄付を得て、2001(平成13)年に建立された。4カ月にもわたる武力衝突で、死傷者は日本兵で2万人、双方合わせると4万人を超える犠牲者が出た。
碑の建立は「日本人だけでなく、モンゴル人もロシア人も慰霊するのが趣旨で建てた」と細谷。5mを超す大きな大理石の慰霊碑には日本語、モンゴル語、ロシア語で「砲声とどろきしこの戦場に平和の法音、永遠にひびけよ」と刻まれている。（京都新聞2019年10月1日付）
佐藤は、NHKラジオ深夜便「アジアの街角から〜モンゴル」（2006年8月12日放送）で「1992年に初めてノモンハン事件の跡地を訪れたとき、砂山に座って何気なく掴《つか》んだ砂の中に薬莢《やっきょう》と歯があり、胸を突かれた思いが、いつまでも自分の中にわだかまっていました。恐ろしい場所でした」と語っている。
慰霊碑の除幕式と慰霊祭は2001年7月、知恩院の牧執事長ら3カ国の僧侶も参加して、厳かに営まれた。

（3）貿易

産地直送の国際版

細谷は湖南生協の理事長時代、滋賀県貿易株式会社（県貿易会社）を大津市に設立した。1983（昭和58）3月、滋賀県と中国湖南省が友好提携を結んだ半年後のことである。

日本の食糧自給率が50％を切る。外国からの輸入に頼る時代である。日本でとれない農産物、水産物は輸入に頼るしかない。ならば「輸入先の産地に行って、生協の産直のノウハウで生産者と向き合って輸入しよう」と、平和堂など地元企業が中心になって出資して県貿易会社は発足した。

湖南省との間で幅広く物産を取引するのが、細谷の起業化の狙いであった。ところが、県貿易会社の経営は順調とはいかない。設立当初からかかわる現社長の井上泰介は「なによりも手広く取引する予定でいた友好提携先の湖南省にはタケノコ、梅干しぐらいしか産物がなかった。

日本の市民が輸入タケノコをどれだけ食べるか、月に何回食べるかとなると、そんなにない。とても主力産品にはならない。繊維製品(絨毯)などいろいろ物産を取り扱ったが、主たる事業が見つからず、赤字経営が続いた」という。

バナナで危機脱出

県貿易会社の経営が改善するきっかけは、バナナの輸入だった。

湖南生協から「バナナがほしい」という声が出てきた。「中国は顔とコネの国。中華全国総工会には細谷さんとつながりの深い李鉄橋さんというキーマンがいた。そこで李さんに相談し、総工会に無農薬の安全安心なバナナを探してもらった。そうしたら中国各地から手がいっぱい上がってきた」(井上)。1995(平成7)年ごろのことだ。

そこで選んだ広東バナナ。さっそく輸入手続きに入ったが、新たな難問に遭遇する。輸入バナナはすべて「コープしが」で引き受ける予定だったが、「バナナは日持ちがしない。せいぜい1週間で消化しないとダメになる。一カ月も置いたら腐ってしまう」(井上)。バナナの輸入には「大量に消費する力」がいる。

では、どうするか。編み出したのが他の生協を巻き込んで消費力を増やす戦略である。全国の生協トップ間のネットワークを生かして広東バナナ協議会をつくる。ここには北はコープ岩手から南はコープ鹿児島まで全国12の生協が参加した。必要な数量をまとめて発注し、販売するシステムをつくり上げた。

このバナナ戦略が当たり、赤字続きだった県貿易会社にやっと利益が出始める。それでも広東バナナだけでは先行き不安である。産地直送の農水産物の開発に乗り出す。九州近海で獲れなくなったサワラを中国から直接買う。ウナギのかば焼きを真空パックにして輸入する。真空パック方式は全国に先がけての試みである。雲南省産マツタケは春に採れる。そこで上海で冷凍真空パックにして、秋に日本で売った。大豆も手掛けた。

次はベトナム産エビ

県貿易会社の最盛期は1997（平成9）年ごろ。「年商は6億円を超えるぐらいあった」（井上）。しかし、そのころ中国産ホウレンソウから農薬が検出された。

中国食品の安全性をめぐって逆風が吹く。加えて人気の広東バナナを大手商社は見逃さない。追いかけてくる。アベノミクスに加えて中国国内のインフレで双方ともだんだん採算が合わなくなってくる。ついに2016（平成28）年、「これ以上の取引は無理」として輸入を中止し、広東バナナ協議会を解散した。

現在、県貿易会社の主力はベトナム産エビである。

経済成長著しいベトナムは欧米を中心に世界と向き合ってエビ取引している。県貿易会社は全国のうどん・そば屋さんから名だたる中華料理店までエビを扱う業者にネット販売している。その取引先は4、500軒、年商は約2億円(2018年)にのぼっている。

井上は県貿易会社が果たしてきた役割をこう語る。

「生協の根本精神は安全安心な食品の提供にある。県貿易会社はこの精神のもとで、中国において農薬を使わない、遺伝子の組み換えをしていない農水産品の開発を全国に先がけて開拓してきた。生協法では県域をまたいで合併なり、統合はできないが、『広東バナナ協議会』のように連合会という形で一緒に仕入れたり、共同で印刷物をつくる事業などを開拓してきた」

細谷は県貿易会社という独自の商社を設立することで、生協の安心で安全な「産直」の海外展開に道を開いた。細谷の旺盛な起業家精神が垣間見える。

筆を友に

大田左卿（書家、元滋賀県書道協会理事長）

滋賀県の友好提携先である中国湖南省に本を贈る運動があった。35年前です。書道家としては「字の本家」には率先してお返ししなければと、書籍を寄贈することにし、滋賀会館（当時）にあった受付先へ持っていったとき、そこで細谷さんに初めてお出会いしました。

細谷さんを印象深く感じさせたのは「字」です。何か寄贈本の預かり証のようなものを受け取ったのですが、まったく読めない。まともに読める字ではない。自分だけが読める字になっている。「個性は大事」とはいっても、読むために書くのなら読めるように書かないといけない。だからそのとき「これは何と書いているのか」とか「わかるように書いてほしい」とか聞きました。何か皮肉っぽく取られたかもしれません。

だけど、それを真に受けた人も珍しい。細谷さんは理事長をされていた湖南消費生活協同組合で、全職員を対象に「文化の香り」を見出す講座を企画された。書道や絵画、音楽、生け花などの講座で、月に1回開かれる。生協の文化活動の一環ですね。その中でも書道は必修講座。私が指導を担当し、細谷さんは職員50人ほどと一緒に筆字を学び始められた。

それ以来、細谷さんとは意気投合し、深いつながりとなりました。

細谷さんは生協を辞めて少し時間ができたときでしょうか。あらためて書道に向かわれることになりました。「それじゃ、手紙でも何でもペンをやめて筆でやりましょう」。難しいけど、形は読めればよい。「のびのびと書いてください」、「好きなように書いてください」と。手本を使わない。これが私のやり方です。昔、小学校で習字の時間があって、週に2時間ほど手本をまねて書きましたが、そんなの何の役にも立ちません。「自分の字」を書く。「自分の字」ならみんな得意ですよね。自己流、自分が楽しめばいいんです。文字を書く目的により使い分けるのです。

細谷さんの2015年の作品「我が春も上々吉で梅の花」〈小林一茶〉もそうです。どこか開き直っている。無欲ですね。うまく書こうとか、誰かと競争しようとか、そういうことはない、今の時代の書芸術は自分の生きた「あかし」なのです。細谷さんの心は素直です。おおらかで、ほんとうに実直な人です。だからといって他人に染まらない。我が道を行く。そういう方であることがこの作品から感じられます。

何もこまごまと教えたわけではないが、やっぱり自分で筆をとると、面白い字が書ける。思いがけない線が出る。墨がなくなるとかすれる、筆が割れる。そういった道具のことも自分でわかるようになる。話を聞いただけではわからない。自分で書かないと。書くとそこに人生の重みがちゃんと出てくる。これが書です。

細谷さんはいま筆で手紙を書かれている。まじめで実直な人柄が手紙の一枚一枚に見えます。年賀状もその年の干支を一字で書かれている。中国に行けば筆や硯など書道関係のものをたくさん買われる。書道とまったく関係ない人でしたが、書道に興味を持っていただき、湖南省との書道の交流も深まっています。細谷さんは他人からやらされてやってきた文化ではなく、自分の文化を築いてこられた方です。これからも気が向いたときには筆を友とされることを願っています。

あとがき

細谷卓爾氏の「歩んできた道」をまとめるのに当たって、細谷氏を知る人たちに話をうかがった。その誰もが触れることがある。細谷氏の「組織と運動」論である。

「運動が好きだ。寝ても覚めても運動を考えている人」

「大きな権力と組織を使ってやるのではなく、大衆運動の中に解決の道を見出す」

「ほとんど部屋にいない。いつも火をつけて回っていた」

と聞いた。

細谷氏が取り組んだ社会運動、大衆運動は、その時と場所によってテーマも異なれば、目標も違うが、その基底は同じである。社会に解決すべき問題があれば、権力に頼らず、「周りが共感して参加する大衆運動」にほんとうの解決を求めるやり方である。

そんな細谷氏の「思想と行動」どこから来たのか。

細谷氏は幼少期から自由にのびのびと育った。麻布時代、その「自由な校風」を体感しながら「あすの自画像」をあれこれ思いをめぐらせている。「官僚、政治家にはならない」ことだけははっきりしていたが、いっとき「医者になろうか」と考えたり、文学や映画監督にあこがれるときもあったようだ。経済学を選んだのは、「社会のあり方、社会の基本構造を知りたかった」という。そこには「豊かな家庭の子供とそうでない子供には、歴然とした格差があった。不平等を感じた」からである。

多感な少年期を麻布で送った経験は、その後に歩んだ道と決して無縁ではない。

父の友人から「(社会運動は)大学を出て一人前になってからやれ」という〃忠告〃を胸にしまっていた細谷氏が、モラトリアムのまま東大を出て飛び込んだ先が、チッソ守山工場だった。そこで目にした社会の姿は差別であり、格差である。人間の値打ちを学歴や採用区分ではかる。数多くいる10代の若い女性は、みんな親に仕送りをしている。およそ知らなかった世界である。「水俣病」に目を背ける労使にも愕然とした。

いったい「人権」はどこに行ったのか。水俣であれ、CO裁判であれ、いのちの水を守る琵琶湖や福祉の問題も同じだ。その根っこにあるのは「人権」である。そんな「人として生きる権利」、「人間の尊厳」をないがしろにするような社会は許せない。「知ってしまったら見て見ぬふりはできない人である」。ここから細谷氏の「不条理との闘い」が始まっている。

不条理は権力(政治・行政)とも深くかかわっている。おのずと闘いは「権力に解決を求めるのではなく、自ら闘って勝ち取ってこそほんとうの解決につながる」。大衆運動によって社会を変える。政治・行政にはその「仕上げ」役を担ってもらう。これが細谷イズムである。

細谷氏は大衆運動を進める極意を語っている。大筋はこうではないか。

運動の目標をしっかり定め、核となる組織をつくり、到達する道筋をはっきり示す。科学的で合理的は根拠を明らかにし、説明を尽くし、共感の輪を広げていくことにある。共感のないところに連帯は生まれない。連帯のない先に社会の改革はない。勝ち負けが問題ではない。運動を通して市民の意識が変わり、社会が変わる。新たな運動も芽生えていく。ここに「細谷運動」の神髄を見ることができる。琵琶湖のせっけん運動はその証左であろう。

大衆運動にはプラスアルファがいる。細谷氏はそうとも指摘する。「批判する人、反対する人が多数でも運動は広がらない。社会は動かない。その典型が琵琶湖総合開発でした。せっけん運動が広がったのは、赤潮の発生という自然環境の大きな変化と内なるエネルギーがうまくかみ合ったからです」。どんな運動にも赤潮のようなシンボル的な要素が欠かせないとも考えている。社会が発するシグナルをいかにとらえ、運動につなげるか。リーダーの問われるところであろう。

「細谷さんは人を育てた」。多くの人が認めるところである。生協運動であれ、環境運動であれ、細谷氏は社会に大きく目を開き、解決の求められる問題を探り出し、新たな運動につなげることを目指していた。そのためにも運動を進める中で、「人づくり」へ自らの人脈に連なる学者や研究者、文化人、歴史家などとの交流を盛んにした。細谷氏はリーダーとなる多彩な人材が取り組む運動を支え、また支えられて、運動は広がっていった。細谷氏はよく口にする。「わが人生に悔いなし」と。大衆とともに歩いた細谷氏の率直な心情の発露であろう。

２０１９年1月、関西大学社会学部の大門信也研究室などが草津市で開いた「フォーラム」で、細谷氏は今日の労働運動に苦言を呈している。「外国人労働者、女性の労働、お年寄りの労働、これがいまの社会問題です。この問題を労働運動がやらないで何をするのか。経営者と一緒になって時短や賃金など経営問題を考えてもしようがない」

細谷氏にしてみれば、大衆が感じている社会問題と組合幹部が提起している問題が「ずれ」ている。それでは「社会に認められる大衆運動」にはならない。原発・エネルギー問題など取り組むべき課題が山積しているにもかかわらず、大衆運動が大きなうねりになっていない。細谷氏はその「ずれ」に歯がゆさを感じ、奮起を促しているのかもしれない。

細谷氏は「市民にこだわり、地域にこだわる中で生み出したノウハウ、処方箋は普遍性を持っている。大きな壁は新しいネットワークを組織して果敢に乗り超える。市民運動、地域活動を人の営みの中に据えた人」（檜山眞理氏）でもある。

大病を克服し、社会に復帰したあと、地元守山に「これから行動隊」をつくった。２００６年のことである。「人とは社会的な生き物です。その原点に立ち返り、生活を見つめ直してみることが大切です」。そう設立の狙いを語っている。身近な守山市の「財政をどうするか」からスタートして、地域の農業や医療福祉、文化、街づくりなど足元の問題に自治の視点から挑んでいる。

「行動隊」のメンバーはすべて守山市内に住む60歳以上のシニア世代である。代表は元滋賀県医師会長の笠原吉孝氏、細谷氏は副代表に就いている。毎月、15人ほどが集まって例会を開き、年に1回、市民も参加する「フォーラム」を開く。著名な講師らを招き、次世代への市民社会づくりなどを提言している。

ある日、例会をのぞかせてもらった。みなさん背筋をピーンと伸ばした人ばかり。この日のテーマは、これまで何度も足を運んだ東日本大震災、原発事故の被災地に思いを寄せる取り組みだった。２０２０年2月に守山市内で開いた「フォーラム＆メモリアルコンサート１００回記念」では、福島の汚染の実態を赤裸々に語る避難者の報告に、会場のホールは静まり返っていた。細谷流「よみがえれ草の根民主主義」運動は市民に届いている。

細谷氏は第一線で先頭に立った活動は控えているが、それでも市民運動、平和運動などには呼びかけ人として名を連ね、参加もする。政治的には「民主リベラル、それも中道から左派に近い道を一貫して歩いている」（檜山氏）。２０１４年の滋賀県知事選では、初当選した三日月大造氏（無所属新）の選対事務総長を引き受けた。嘉田由紀子知事（現参院議員）から後継指名を受けた三日月氏の当選には反自民勢力の結集が欠かせない。選挙前、「嘉田、三日月両氏は細谷宅を訪ね、事務総長の就任を要請した」という。民主リベラル勢力のシンボル的な存在として細谷氏は選挙共闘の「重し」の役割を担っている。２０１８年には立憲民主党滋賀県連の立ち上げを支えた。

細谷氏の精悍な表情は「若き日」と何ら変わっていない。「私は確たる信念を持って生きてきたわけじゃありません。めぐり合わせです」と語るが、つねに時代を診断し、運動を語り、人を動かし、その下支えをする。まさに「野にあってことをなす人」である。「時代に生きた人」でもある。その長征はいまも続いている。

本書の出版を引き受け、辛抱強く出稿を待ってくださったサンライズ出版の岩根順子社長に心からお礼を申し述べたい。

関根　英爾

解説――行動の人、細谷卓爾さんから学ぶこと

大門信也

細谷さんという存在

私がはじめて細谷卓爾さんにお会いしたのは、2017年の夏、環境生協を引き継ぐNPO法人碧いびわ湖の村上悟さんや根木山恒平さんとその仲間たちが中心となって開催した「琵琶湖のせっけん運動40周年記念集会」においてである。そもそも細谷さんのことを知ったのは、元環境生協理事長で現在菜の花プロジェクトネットワーク代表の藤井絢子さんからである。藤井さんは、学生時代に石牟礼道子に影響を受け、東京での水俣病闘争に参加した経験をしたのちに滋賀県に移住した。そこで出会ったのが、なんと水俣病の原因企業であるチッソの守山工場に勤める労働者たちであったという。

この印象的なエピソードに導かれ、私はゼミ生とともに滋賀県にかよい、いろいろな方にお話しをうかがうようになった。細谷さんにお会いできたのは、数年の現地訪問を経て、ちょうどせっけん運動の歴史へと足をふみいれる機が熟してきたと感じていたころでもあった。その後、当時ゼミに所属していた籾木優一郎さんとともに、滋賀県貿易の事務所や守山にあったご自宅にお邪魔し、なんどもお話しに耳を傾けた。奇遇にも私たちの取材は、関根英爾さんによる本書のための取材の開始とほぼ同時期であった。細谷さんの軌跡をしっかりと記録し、未来へとつなげていこう。そうした機運が細谷さんの周囲でも高まっていた。やはり機は熟していたのである。

本書を読まれた方は、私と同様、細谷さんの活動の幅広さ、多彩さ、大きさに圧倒されたに違いない。また細谷さんのことを知る方であっても、ご自身とのかかわりの外にも、このような世界を広げていたのかと、あらたな驚きをもたれるのではないだろうか。そしてそのような活動へといたる道筋、とくに第3章までに描かれた青年細谷の歩みに、さらなる驚きとより深い理解がもたされたに違いない。チッソの「幹部候補」から「労働組合のリーダー」へと自らの航路を定めていく青年細谷の足取りと心の動きをとらえた叙述は、なんどでも読み返したくなる卓抜なルポルタージュであり、本書序盤のハイライトといえるだろう。

私自身が、細谷さんの歩みをふりかえるとき、社会学を専攻するものとして、またはロスジェネと呼ばれる世代でありつつ正規雇用の禄をはむものとして、つぎの三つの点に要点があるように思えている。以下、細谷さんから学ぶもののひとりとして、ささやかながら書き留めておきたい。

「中」から生まれるマジョリティの倫理

細谷さんは、公務員の父と教師の母の家庭に生まれ育った。お金に困り、望まない選択を強いられた(たとえば進学をあきらめたなど)というエピソードは、本書には出てこない。その意味で細谷さんは、裕福な家庭で育った人といえるかもしれない。一方で、多感な時期を過ごした麻布学園では、自分の生活では想像がつきにくいような上流の人間がいるということを痛感させられる。細谷さんが中高時代を過ごした戦後間もないころ、登山といえば金持ちの学生の高尚な趣味であり、高度成長期以降に大衆化された登山とは趣を異にする。そのような頃に、細谷さんは友人から「登山」に誘われるのである。自分とは違う世界に住む人たちがいることを、思春期の細谷さんは肌感覚で知った。

貧乏というわけでもないが、特段に裕福でもない。いわゆる中間層、とくに親がホワイトカラーとして雇われている新中間層と呼ばれる家庭で細谷さんは生まれ育った。近代化以降、分厚さを増していくこの社会階層の立場から、細谷さんは世の中をみてきた。しかし新中間層は、資本に従属していく存在でもある。彼ら彼女らが戦後日本社会において存在感を増していくということは、資本に依存した生活圏が拡大するということでもある。実際に細谷さんは、着実に学歴を重ね「幹部候補」としてチッソに就職する。質的にも量的にも社会のマジョリティである。その細谷さんが、資本の側につくのではなく「大衆とともに生きる」ことに人生をかけた。これこそが、細谷さんの人生から学ぶべき、重要なポイントであると私は思う。

幹部候補でありながら、労使対立路線をとる第一組合のリーダーとして活躍する細谷さんには、ひとつの矜持があった。それは、西野六郎から学んだこと。すなわち、労働者大衆の歩む道を支える「橋杭」としての役割に徹することである。書記長、事務局長と、労働組合のなかでの細谷さんは、つねに裏方でありつづけた。それは「中」にあるものが「大衆とともに生きる」ための重要な矜持であった。

生協運動では細谷さんは理事長の立場となる。しかしそこでは、女性たちが活躍する道を用意する役割を強く意識していた。湖南生協からは、「しみんふくし滋賀」の成瀬和子さんや「菜の花プロジェクトネットワーク」の藤井さんをはじめ、多くの女性リーダーたちが羽をはばたかせた。また、生協の総代会や合成洗剤追放運動などにおいて、しばしば女性たちからの意義申し立てを受け止める立場にもなった。「複眼」という彼の言葉は、自らに否を突きつける視点を自身の視座にとりこむ、という意味である。たとえば廃食油粉せっけん運動は、合成洗剤追放の担い手である女性たちから生協理事長としての対応を問われるなかで、「複眼」によってえらびとられたものであった。マジョリティとしての男性が、マイノリティとしての女性の目線を反省的にとりこめるかどうかを、細谷さんは自らに問い、行動で応えた。またここには、マジョリティとしての労働運動がマイノリティとしての公害被害者に対して加害者側に立ってしまったという、苦い経験も反映されている。

労働者大衆、女性、公害被害者、いずれもそれとは異なる「中」の立場にありながら、いかに彼ら彼女らと連帯できるのか。強者にもなれる、弱者にもなりうる、そのような「中」の人間が、社会に貢献できること。それは、大企業の幹部となることではなく、労働者大衆や女性や公害被害者たちが歩む道の、「橋杭」となることであり、またつねに反省的な「複眼」を持ち続けることであった。

近年、世界的に社会の分断が進んでいるという。いわゆる右派と左派の分断だけではない。一部の富裕層とそうでないものとの分断、正規雇用と非正規雇用の分断等、さまざまな水準で社会を統合してきたものが崩れてきている。社会構造という観点でそれは、「中間層の崩壊」と表現される。こうした「中」の解体による社会の分断は、自然的な縮小傾向というだけでなく、社会保障の削減や労働力の流動化のもと、政策的に強いて促進されてもいる。そうした政策のなかで、弱者は弱者同志で連帯するのみとされ、強者は強者として弱者をふみつけるか施すだけの存在とされることになる。こうして「中」の居場所が縮小する。かわりに居座りはじめているのは「自己責任」ということになろうか。

こうした状況だからこそ、「中」の存在として、社会的な連帯を強めるとりくみを、きわめて具体的に、またアイデア豊富に進めてきた細谷さんの足跡は、わたしたちにとってかけがえのない財産になる。たとえば、労四の活躍。当時の民社党から共産党までを束ねながら、保守を標ぼうしていた武村正義さんを革新側の知事にすえるという発想力と展開力。あるいは廃食油粉せっけん。洗剤業界が攻勢を強めるなか、この技術をつかってリサイクルによるローカルな生産点を確立すれば、資本から自律した運動を展開できることを瞬時に見ぬいた、その判断力と実行力。いずれも、社会的な連帯を、徹底的に具体的かつ足元から考え、実現させようという行動力の賜物であった。

そしてその行動力の背後には、人間としての「素直な心」——書道の師である大田左卿先生は、素直で、おおらかで実直な人間性を細谷さんの書から読みとっている——があったように思う。不自由なく暮らしてきたが、それでも異世界のような「上流」が存在するという違和感。徹底的に待遇が差別される会社の秩序。学歴で、性別で、どうして一方の者だけが理不尽な立場におかれなければならないのか。自分は差別されたり、理不尽な状況を強いられたりする立場ではない。でも、そうした人たちと連帯せざるをえない。そうしなければならない。細谷さんが素直な心で体現してきたのは、「中」にあるものが自然に持たざるをえない倫理的態度であったように思われる。それは、少数の強者（富裕層）でも少数の弱者（マイノリティ）でもないところから生まれるという意味で、「マジョリティの倫理」といえるかもしれない。このような論理以前の倫理的態度こそ、私たちの社会がいま失いかけているもの、あるいはきちんと確立してこなかったものではないだろうか。

労働運動と環境運動の交点から見えるもの

もうひとつ、細谷さんの活躍から学ぶべきことは、労働運動と環境運動の交点からも見えてくる。やや専門的な話題にふみこむが、話しを進めてみたい。

社会学や社会運動論において、環境運動は、労働運動のような「古い既存の社会運動」とは別の観点からでてきた「新しい社会運動」であると考えられてきた。環境運動は、同時期に展開したフェミニズム運動や、学生運動などとともに、労働運動との断絶において成立したものだ、と認識されてきたのである。私は、細谷さんの活躍や彼が遺した活動領域の意義が十分に評価されてこなかったのは、こうした強固な認識枠組み――「パラダイム」と呼ばれる――が関係していると考えている。

戦後、高度経済成長期のなかで、日本の市民社会からは「住民運動」と呼ばれるうねりが生まれた。それは、石油コンビナート建設や原発建設への反対から、ショッピングセンター建設の反対まで多岐にわたる運動の総称である。共通するのは、当時頻発していた公害被害への危機感を背景に、国や自治体による開発計画や都市計画といった「開発主義」的な政策への意義申し立てを行っていた点にある。つまり労働運動が前提とするような資本への抵抗というよりも、行政権力への懐疑と批判が前面に立っている。もちろん資本に対する批判がなくなったわけではないが、「国家独占資本」として同一視しつつ、計画の主体としての国や自治体を第一義的な批判の宛先とすることが多かった。

滋賀県においても、そうした流れは生じていた。琵琶湖総合開発計画への反対運動がそれである。本書でも描かれているように、1974年の県知事選において、野崎県政を打破する力は、琵琶湖総合開発への懐疑や批判、つまり開発主義への反発から生まれていた。それゆえ武村県政もまた、琵琶湖総合開発事業の期間延長や、矢橋人工島計画をつうじて、住民運動側から批判されることもあった。1980年に施行した富栄養化防止条例も、合成界面活性剤ではなく助剤であるリンの規制となったことから、合成洗剤追放運動の側からも批判がなされた。それは同時に、県の進める粉せっけん運動や、県政を支えた滋賀地評や労四に対する批判にもつながっていた。当時、この問題を調査した社会学の研究チームがあったが、このチームもまた住民運動側に立って、県民粉せっけん運動が「上からの運動であった」と評価している。当時の住民運動論パラダイムに立つ人々からすれば、労働運動を出自とする動きは、行政権力に「とりこまれた」存在にしか見えなかったのかもしれない。

しかし、本書で描かれた細谷さんの歩みに即してみれば、認識は大きく変わる。関根さんの前著『武村正義の知事力』によれば、当時、洗剤業界側の反発はすさまじく、県への訴訟を辞さないという姿勢のみならず、広告業界にまで手がおよび、合成洗剤追放運動およびせっけん運動に対するネガティブキャンペーンが本格化してきたという。細谷さんが述べるように、攻勢を強める資本に対抗するには、せっけん運動は行政を自らのなかに「とりこむ」しかなかったのである。

「とりこまれる」ではなく「とりこむ」。行政と連携しつつあくまでも主体性を確保するための切り札は、廃食油粉せっけんである。廃食油によってローカルな生産を可能にする粉せっけんは、さながら現在の大規模集中型の原発に対する小規模分散型の再生可能エネルギーのようなものである。大量に生産し余分な付加価値をつけ利益を上げることでしか存在価値が示せない合成洗剤に対して、廃食油粉せっけんは、生活の場に埋め込まれた生産と消費の循環を可能にする。廃食油だけでなく、休耕田をつかい菜種を生産すれば、原料も確保可能である。事実、藤井さんたちの菜の花プロジェクトは、それを実現し、日本の地域発再生可能エネルギー運動の先鞭をつけた。行政のバックアップを受けつつ、資本から自律するローカルな循環をつくることで、細谷さんは徹底的に資本にからめとられないような現実的道筋をこしらえたのである。「資本との対峙」の徹底と、そこから可能になる「行政のとりこみ」。これこそが住民運動論的パラダイムが見落とした、細谷さんの運動の真髄である。

また労働運動という立場は、この時期すでに両義的な存在になっていた。一方では左翼運動の中心的なにない手としての存在、他方では新興勢力である住民運動側からみて体制化した運動という存在でもあった。その意味では、労働運動もまた前述した「中」的な存在といえるかもしれない。新しい社会運動に突き上げられながら、労働運動の活動家としての細谷さんは、「複眼」を働かせた。そこから生まれたのが、前述のような住民運動とは別様な新しい運動のかたちだ。ただし細谷さんの出自が、企業内組合から産別組合への転換を標ぼうし、よりアクティブな労使対立の路線をとった総評、合化労連にあったことは、見逃せない事実である。つまり、両にらみで浮遊しながらキャスティングボードをにぎろうとする、いわゆる「中道」ではない。この点はさいごにまたふれたい。

21世紀に入り、非正規雇用問題や技能研修生問題など、高度経済成長期には見えにくくなっていた労働問題が、社会の重要課題として再浮上している。近年、その背後に緊縮財政などの問題が指摘されつつあり、積極財政の必要性なども主張されるようになった。環境政策の面では、グリーンニューディールやグリーンインフラなどのあらたな発想も出てきている。原発廃炉もまた雇用をともなうひとつの経済活動であり、埋め立てられた内湖を復活させるのもまた公共事業である。つまり、財政切り詰めの方便としての環境政策から、積極財政の対象としての（したがって労働政策としての）環境政策への転換が主張されつつある。もちろん同時に、グリーンウォッシュなどと呼ばれる、環境対策を方便とした経済成長路線への批判も忘れてはいけない。こうした議論の数々をふりかえるとき、労働から環境へと行動の幅を広げてきた細谷さんの見すえていた方向の今日性に、あらためて驚かされる。細谷さんの歩みが本書のような質と量でまとめられたことは、決して偶然ではない。時代が細谷さんをまた表舞台に立たせているのだと思う。

実際、若い世代にとって、労働問題は決して過去のものではない。私とともに熱心に細谷さんの話しに耳を傾けていたゼミ出身の籾木さんは、労働運動出身であるということを、きわめて自然に聴き取っていた。身分差別撤廃にとりくむ姿と、環境問題にとりくむ姿を同時に受け入れながら、その圧倒的な行動力に素直に感動していた。私が説明する、新しい社会運動が…とか、当時労働運動は古いものとされていて…といった「社会学的な知識」に対して、彼はなぜそのような奇妙な認識が生まれてしまったのかと、心底疑問に感じていたようであった。その後、籾木さんは近年の標準を圧倒する質量で、「戦後生協運動における『草の根アクティヴィズム』の経験―滋賀県『湖南消費生活協同組合』の展開過程に関する社会運動史研究―」と題する卒業論文にまとめた。おそらく本書の意義を本当に理解する読者は、細谷さんとともに生きた時代を懐かしむ層でも、私のように中途半端に歳をとった層でもない。彼のような、もっと若い、これからの未来を担う層であると確信している。

細谷流行動主義を引き継ぐ

さいごに、もうひとつ。細谷さんは徹底的に行動の人だったという点について述べたい。本書の取材過程で関根さんに同行させてもらう機会があったが、当初、関根さんが強く関心を抱かれていたのは、「なぜこれほどの人物が政治家にならなかったのか」というものであった。政治ジャーナリストの関根さんにとって、それは自然な問いであったに違いない。いま本書を読み終えた方は、随所にその「ヒント」がちりばめられていたことに気づくであろう。そしてその答えは、関根さんのあとがきに集約されている。思い切って一言でいってしまえば、答えは「行動」にある思う。それは、政治家のような代表者では達成しえない、具体的な目標をともない、徹底的に地に足をつけた当事者の行動のことである。

さきに「中から生まれるマジョリティの倫理」と書いたが、しばしばそうした中の立場は、どこか偽善的で傍観者的な雰囲気をまといがちとなる。あるいはそのように見られがちとなる。しかし細谷さんにはそうした雰囲気が一切ない。余裕あるものの戯言を繰る人、という見られかたは決してされていない。それは細谷さんが徹底的に地べたに足をつけ、つねに具体的な目的を提示しながら行動したからにほかならない。脳梗塞に倒れ、リハビリによって日常生活を取り戻しつつあった細谷さんが、あるとき「これまでの自分の歩みをふりかえってはどうか」とすすめられたことがあった。しかし細谷さんは、語るだけの存在になることを拒み、「僕は行動で答える」と返したという。それは守山市での「これから行動隊」の活動へとつながる。キーワードはやはり「行動」なのである。

行動主義というと、通常、心理学などでいうビヘイビアリズム(behaviorism)を意味し、動物も人間もモノもひとしく具体的に観察できる「行動 behavior」をとおして解明する立場をさす。細谷さんの場合は、地評・合化労連という資本との対決を徹底した陣営出身であることから、アクティヴィズム(activism)と呼んだほうが適切だろう。ただしそれは、頭でっかちな政治的主張を唱える行動ではなく、徹底的に具体性にねざすという意味で、ビヘイビアリズム的でもある。そうした細谷さん流の「行動主義」とは、素直な心で他者を思いやり、複眼指向にもとづいた自由な発想で、地べたから具体的に社会的な連帯を実現する、という性質のものである。このような行動を引き継ぐのはたやすいことではないが、現実に受け継いできた人々がいることも忘れてはならない。そうした営みにあらためて光をあてることも、本書の意義のひとつであろう。〝社会を具体的に把握せよ。そして行動の人たれ。〟私が本書からもっとも強く受け取るのはそのようなメッセージである。

それにしても、傍観者的に「語る」ことを拒み、実践者として「行動」をつづけた人間の一代記をまとめる作業は、本当に大変な作業であったと思う。当初本書は、『武村正義の知事力』とおなじく、聞き書きのスタイルで書かれようとしていた。しかし、あまりに多岐にわたる細谷さんの歩みを追うために、それは破棄されざるを得なかったという。苦心のすえ、ここまで広くかつ深く細谷さんの歩みをまとめられた著者関根英爾さんのご努力に、こころからの敬意を表したい。そして、「語る」ことを決心し本書を私たちに届けてくれた行動の人細谷卓爾さん、それを支えてくれた周囲のみなさんに深く感謝する。あとは本書を読んだ私たちが行動し、次の社会をつくっていく番である。

（関西大学社会学部准教授）

細谷卓爾略伝

一九三四（昭和九）年	9月1日　東京都北区（当時、東京市滝野川区西ケ原町）に生まれる
一九四一（昭和一六）年	12月8日　日米開戦、太平洋戦争に突入
一九四四（昭和一九）年	4月　広島県福山市にある母の生家にひとり疎開
一九四五（昭和二〇）年	3月　東京大空襲で滝野川の自宅焼失、叔父宅（東京都目黒区）に転居。
	8月8日　福山大空襲に遭遇
	8月15日　終戦
	12月　疎開先の福山から東京に戻る
一九四七（昭和二二）年	4月　麻布中高校入学
一九五三（昭和二八）年	3月　麻布高学卒業
一九五四（昭和二九）年	4月　東京大学入学
一九五八（昭和三三）年	3月　東京大学経済学部卒業
	4月　チッソに入社。守山工場（日窒アセテート守山工場）赴任
一九六〇（昭和三五）年	8月　守山労組書記長に就く
	12月　守山労組、一時金闘争で初の24時間スト
	守山労組分裂、第2組合結成、日窒連合会の結成大会。連合会中央書記長に就く
一九六一（昭和三六）年	1月　日窒共闘会議（守山労組、日窒連合会、合化労連、滋賀地評、野洲地区労）結成、闘争体制構築
	守山労組、県地方委のあっせん受託

一九六二（昭和三七）年	4月～5月	春闘で反復ストから無期限スト突入。会社側ロックアウトで対抗。労使全面対決、
	6月	県地労委のあっせん受諾。闘争終結
	4月	水俣労組「安定賃金闘争」入り
	5月	守山労組事務所が不審火で全焼。組合の資料焼失
	7月	水俣労組分裂
		日窒連合会中央書記長として「安賃闘争」指導支援で熊本入り、半年間にわたり熊本滞在。合化労連書記長・西野六郎氏と出会う
一九六三（昭和三八）年	1月	合化労連臨時大会で水俣労組の「安賃闘争」終結決定
	10月	遠藤真智さんと職場結婚
	11月	三井三池三川坑道で炭じん爆発事故発生。死者458人、CO中毒患者900人近くにのぼる大惨事
一九六四（昭和三九）年	1月	社名を日窒アセテートからチッソアセテートに変更
一九六五（昭和四〇）年	9月	守山労組で「細谷不信任」。その後、執行部再選出し「細谷信任」なる
	10月	滋賀地評事務局長に就任
一九六六（昭和四一）年	11月	旭化成、チッソ折半出資による「旭チッソ・アセテート」設立
一九六七（昭和四二）年		滋賀県労働者福祉対策協議会の設立。理事長など務める
一九六八（昭和四三）年	7月	滋賀県勤労者住宅生活協同組合の結成
	8月	水俣労組が定期大会で「恥宣言」。水俣病と闘うことを決議し、患者・被害者支援へ動く
	9月	政府が水俣病を公害認定
一九七〇（昭和四五）年	3月	琵琶湖を守る会結成
	4月	琵琶湖研究会発足

一九七一（昭和四六）年	9月	県地婦連、滋賀地評主婦の会など中心に合成洗剤追放運動に乗り出す
	12月	岡本達明氏との共著論文「公害根絶と労働者」発表
一九七二（昭和四七）年	1月	県労福協で地域生協づくりを確認
	5月	滋賀県で初の統一メーデー
		湖南生協設立総会で理事長に就任、大津、高島両生協も発足
	6月	琵琶湖総合開発特別措置法成立。公布施行
	9月	「琵琶湖を県民の生活に取り戻す会」結成
		大津市長選で山田耕三郎氏当選。県内初の革新市政誕生
	11月	三井三池ＣＯ中毒被害者家族４人、三井鉱山を相手取って損害賠償請求訴訟（ＣＯ訴訟）起こす
一九七三（昭和四八）年	9月	滋賀地評事務局長を辞任し、副議長。守山工場に復帰し、守山労組委員長に就く
	10月	琵琶湖汚染調査団が「浜大津人工島建設ＮＯ」の調査報告書まとめる。大津市が人工島建設の白紙撤回を表明
	11月	チッソ、守山工場を旭化成に完全譲渡
	12月	「三池ＣＯ研究会」発足
一九七四（昭和四九）年	1月	日中労働者交流協会「兼田訪中団」の一員として初訪中
	3月	守山労組、長年の差別是正問題で旭化成と和解成立
	9月	社会党滋賀県本部、県知事選の候補者選びで委員長ら三役除名
	11月	滋賀県知事選で、野党４党、労働４団体の革新統一候補・武村正義氏が当選。
	12月	県初の革新県政発足
一九七五（昭和五〇）年	2月	県土地開発公社の巨額負債問題で設置した「公社対策委員会」に参画、５月に報告書を答申し、上田建設の土地商法のからくり解明

一九七六（昭和五一）年	1月	労働四団体初の「統一旗開き」
	5月	「県労働者友好訪中団」派遣
一九七七（昭和五二）年	5月	琵琶湖に初めて大規模な赤潮発生
	11月	滋賀県合成洗剤対策委員会が発足
一九七八（昭和五三）年	5月	大津市瀬田に「せっけん工場」完成
	6月	湖南生協を中心に「琵琶湖を汚さない消費者の会」発足。細谷会長に就く
		県合成洗剤対策委で「びわ湖を守る粉石けん使用推進県民運動」提唱
		「琵琶湖を守る粉石けん使用推進県民運動」県連絡会議発足
	9月	県土地開発公社問題が全面解決
		マルダイ石鹸本舗の前田英治社長と出会う
	10月	県知事選で武村正義氏が無投票で再選
一九七九（昭和五四）年	2月	「第2次県労働者友好訪中団」（細谷団長）派遣
	10月	合成洗剤を追放する琵琶湖富栄養化防止条例が県議会で可決成立
		滋賀地評副議長辞任
一九八〇（昭和五五）年	7月1日	琵琶湖富栄養化防止条例施行
一九八一（昭和五六）年	2月	「労働災害・職業病・公害に関する技術交流団」を中国に派遣
	6月	水の自主管理、合併浄化槽を研究する「環境研究会」発足
	10月	「協同組合石けん運動連絡会」発足
一九八二（昭和五七）年	3月	改正琵琶湖総合開発特別措置法が可決成立
		「よみがえれ琵琶湖」出版
	11月	県知事選で武村正義氏が連続無投票で三選
	12月	稲葉稔県副知事らと湖南省訪問。県省友好提携の事前協議
一九八三（昭和五八）年	3月	滋賀県と中国湖南省が琵琶湖上で「友好協定書」に調印

一九八五（昭和六〇）年	5月 滋賀県貿易㈱設立、取締役、監査役、社長など務める 9月 琵琶湖にアオコ発生 「湖南省に本を贈る会」結成
一九八六（昭和六一）年	湖南省図書館完成、「滋賀友好文庫」オープン 1月 地域情報誌月刊「ピープルプレス」発刊（「市民と自治」改題） 6月 武村正義知事が衆院選出馬で辞任 7月 県知事選で稲葉稔氏が初当選 12月 協同組合運動研究会発足
一九八七（昭和六二）年	7月 「抱きしめてBIWAKO」実行委員会事務総長に就く 8月 滋賀県環境生協の設立研究会発足 10月 雑誌「Q―生活協同組合研究」発刊 11月8日 「抱きしめてBIWAKO」開催
一九八八（昭和六三）年	9月 旭化成退職、湖南生協理事長（専従） 10月 合併浄化槽の設置促進を求める「よみがえれ琵琶湖」請願、県議会で採択 中国北京で「日本生活文化用品展」開催 県労働会館建設
一九八九（平成元）年	1月 中国蘇州で「日本生活文化用品展」開催 2月 ドイツ視察 11月 「生活サービス生協」を「しみんふくし生協」に改称し、設立発起人会
一九九〇（平成二）年	3月 わが国初の環境専門生協「滋賀県環境生活協同組合」発足（翌年認可、監事に就任） 8、9月 「市民福祉国際フォーラム」開催、市民福祉宣言

	10月	中国から研修生受け入れ
		モンゴル「フブスグル湖フォーラム」開催
一九九一（平成三）年	1月	モンゴル初訪問
	2月	「日本・モンゴル文化経済交流協会」発足、副会長に就く
		「リサイクルせっけん協会」設立。会長など役職に就く
	6月	県内４地域生協理事長が組織合同で協定調印
	7月	「日本・モンゴル文化経済交流団」派遣
一九九二（平成四）年	3月	料理本「米の博物館」出版
	8月	「市民福祉国際フォーラム」開催
一九九三（平成五）年	3月	「コープしが」発足。初代理事長に就任
		三池ＣＯ訴訟判決で、福岡地裁は妻の慰謝料認めず控訴
	8月	地域情報誌「ピープルプレス」終刊
一九九四（平成六）年	9月	県が「グリーン購入制度」創設
一九九五（平成七）年	8月	稲葉稔知事らとモンゴルのフブスグル県を訪問
一九九六（平成八）年	1月	旭化成守山労組、第二組合の旭化成労連守山労組と組織統一、「チッソとの闘い」終わる
	4月	三池ＣＯ訴訟で福岡高裁、控訴棄却
	7月	合併浄化槽設置を義務付ける県「みずすまし条例」制定
一九九七（平成九）年	5月	「コープしが」通常総代会で全役員を不信任、生協運動から身を引く。
一九九八（平成一〇）年	1月	三池ＣＯ訴訟で最高裁、上告棄却。ＣＯ裁判終わる
	4月	社会福祉法人湘南学園理事長就任。２００７年まで務める
一九九九（平成一一）年	4月	「しみんふくし生協」を法人化、ＮＰＯ法人「しみんふくし滋賀」設立。理事長など務める

二〇〇一（平成一三）年	7月	モンゴルにノモンハン事件の慰霊碑建立、慰霊祭
二〇〇二（平成一四）年	10月	立命館大学非常勤講師 細谷、脳梗塞で倒れる。済生会滋賀県病院に搬送され、入院
二〇〇六（平成一八）年	7月	守山市で「これから行動隊」結成の「記念の集い」開催
二〇〇九（平成二一）年	6月	ＮＰＯ法人「碧いびわ湖」設立
	7月	「環境生協」は全事業をＮＰＯ法人「碧いびわ湖」に引き継ぎ活動の幕を閉じる
二〇一四（平成二六）年	7月	滋賀県知事選で三日月大造氏当選。「三日月選対」事務総長務める
二〇一七（平成二九）年	8月	ＮＰＯ法人「しみんふくし滋賀」が社会福祉法人化
二〇一八（平成三〇）年	8月	立憲民主党滋賀県連監事

参考文献・資料

黒田ジャーナル『抱きしめて琵琶湖』角川書店　1989

「抱きしめてBIWAKO」報告集編集員会『11月8日みんなやさしくなった』草風館　1988

細谷卓爾「生協運動と労働運動の接点」(『現代の理論』249号)現代の理論社　1998

大門信也「労働者たちのリサイクルせっけん運動」2018

細谷卓爾「長男啓史氏への手紙」1988〈1月から3月にかけて当時、東京で大学生活を過ごす長男啓史氏に送った長い手紙。8通あり、卒業後の進路を探しあぐねる啓史氏に、自らの半生を赤裸々に吐露することで、人生を考える道標にと思い、書き送っている〉

岡本達明『水俣病の民衆史―第3巻闘争時代(上)』日本評論社　2015

細谷卓爾、岡本達明「公害根絶と労働者」(『月刊合化』12)合化労連　1970

旭化成労働組合「組合分裂30年の歩み―たたかいの記録」1990

旭化成労働組合「公害闘争と労災闘争の取り組み」(『組合潰しと闘いぬいた労働者たち―化学産業複数組合連絡会議30年の軌跡』)同連絡会議　2010

新日本窒素労働組合「安定賃金反対闘争を経て、水俣病との闘い、差別是正へ」(同)

花田昌宣、井上ゆかり、山本尚友『水俣病と向き合った労働者の軌跡』熊本日々新聞社　2013

細谷卓爾、岡本達明ら「自らの半生を語り合ったテープ」2002

地評40年史編纂委員会「滋賀地評―資料でみる40年の軌跡」滋賀地評　1990

細谷卓爾「CO裁判闘争との十年」(『技術と人間』100号記念)技術と人間　1981

朝日新聞社「朝日ジャーナル」(1973年6・8号)

細谷卓爾「炭鉱災害、被害者の訴訟など荒木メモの社会的背景」(森弘太『鬼哭啾啾』三一書房　1992)

原田正純『炭じん爆発―三池三川鉱の一酸化炭素中毒』日本評論社　1994

細谷卓爾「労働組合運動の私的総括」
細谷卓爾「労働四団体の総括」１９７６
関根英爾『武村正義の知事力』サンライズ出版　２０１３
細谷卓爾、唐木清志「琵琶湖から淀川へ」（「公害研究」１９８０年2月号）
滋賀県「琵琶湖総合開発」滋賀県企画部水政室　１９８３
細谷卓爾「琵琶湖と住民運動」技術と人間　１９８２
滋賀県自治研究センター「市民と自治」１９８３、１９８５
琵琶湖を考える会『よみがえれ琵琶湖』同会　１９８２
細谷卓爾「滋賀県の運動の歴史」（「よみがえれ琵琶湖」）
細谷卓爾「草の根運動の論理」（同）
細谷卓爾「公害予防運動としての粉せっけん推進運動の位置」（同）
石田紀郎「琵琶湖の水で生きる者として」（同）
琵琶湖百科編集委員会『知ってますかこの湖を―びわ湖を語る50章』サンライズ出版　２００１
湖南生協10年史編集委員会「雑草《あらぐさ》のごとく―湖南生協10年のあゆみ」１９８２
奥野哲士『うまれる　つながる　広がる―湖南消費生活協同組合の20年』草風館　１９９２
藤井絢子・菜の花プロジェクトのネットワーク『菜の花エコ革命』創森社　２００４
大門信也編「２０１６年度ゼミ共同調査報告書―孫子につなぐ地域社会づくりの研究」関西大社会学部社会学専攻大門研究室　２０１６
大門信也編「２０１８年度ゼミ共同調査報告書―地域循環社会へむけた多様な挑戦」同　２０１８
籾木優一郎「『湖南生協』へといたる途―細谷卓爾氏のライフヒストリーにもとづいて（１９５８―１９７２）」２０１８
奥野哲士「動き始めた『市民福祉』運動」（「地方財務」ぎょうせい　１９９０・11）
細谷卓爾「滋賀県における福祉ビジネスの将来性」（「滋賀の経済と社会」NO.90　滋賀総合研究所　１９９９）

Q編集員会「Q―生活協同組合研究」(創刊号)草風館　1987
びわ湖放送「滋賀県・湖南省の30年『湖がつなぐ縁、そして次世代へ』」滋賀県観光交流局国際室　2014
兼田富太郎「日中友好運動の黎明」
第2次滋賀県労働者友好訪中団「見聞記―四つの現代化を目ざして闘う中国」1979
日中労働者交流協会京滋支部「1981年度技術交流先派遣団報告書」1981
滋賀県「海を渡った滋賀の生活文化―県生活文化展報告書」1988
日本生活協同組合連合会「中華全国総工会生協実務研修報告」日生協　1994
佐藤紀子「NHKラジオ深夜便『アジアの街角から～モンゴル』」2006～07年放送
佐藤紀子「馬の尾の奏でる音楽は国境を越えて」2008
細谷卓爾　講演録「滋賀県の自治とこれまでの私の歩み」2017
細谷卓爾「『行動隊』のこれから」2015

著者略歴

関根　英爾（せきね・えいじ）

1969年、早稲田大学卒。滋賀日日新聞を経て京都新聞記者。主に政治、行政を担当。東京支社編集部長、編集局次長兼政経部長、企画事業局長、論説委員など務める。現在、フリーのジャーナリストとして執筆、講演などを行う。滋賀県立大学非常勤講師、日本ペンクラブ会員。著書に『武村正義の知事力』。京都市出身。

細谷卓爾の軌跡　水俣から琵琶湖へ

2021年1月20日　初版第1刷発行

著　者　　関根　英爾

発行者　　岩根　順子

発　行　　サンライズ出版株式会社
滋賀県彦根市鳥居本町655-1
〒522-0004　TEL 0749-22-0627
FAX 0749-23-7720

印刷・製本　P-NET信州

ISBN978-4-88325-712-6

本 書 関 連 本

武村正義の知事力

関根英爾 著

定価：本体 1,200円＋税　四六判・224頁

「最もやりがいがあったのは国会議員時代より滋賀県知事時代」と語る武村正義元大蔵大臣に、『武村正義回顧録』（岩波書店）には掲載されなかった市長・知事時代についてインタビュー。いま求められる「ほんものの知事」とは？

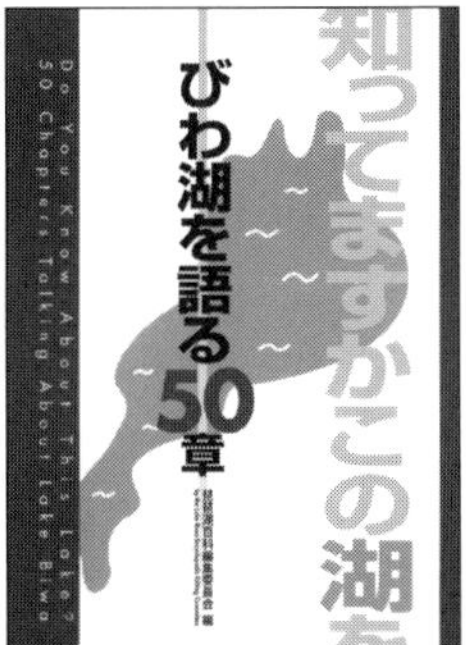

知ってますか この湖を
びわ湖を語る50章

琵琶湖百科編集委員会 編

定価：本体 2,800円＋税　菊判・360頁

2001年11月、第９回世界湖沼会議の開催を記念して出版。琵琶湖の歴史、生き物、人との関わり……各分野の第一線で活躍する研究者が琵琶湖を論じた50編。